本著作系司法部 2020 年度法治建设与法学理论研究部级科研项目专项任务课题"我国文化遗产保护公益诉讼制度完善路径研究"（项目编号：20SFB4074）的最终成果

公众参与文化遗产保护法律制度构建研究

梁岩妍　徐园　著

吉林大学出版社

·长春·

图书在版编目（CIP）数据

公众参与文化遗产保护法律制度构建研究 / 梁岩妍，徐园著. -- 长春：吉林大学出版社，2023.11
　　ISBN 978-7-5768-2706-4

　　Ⅰ.①公… Ⅱ.①梁… ②徐… Ⅲ.①公民-参与管理-文化遗产-保护-法律制度-研究-中国 Ⅳ.①D922.164

中国国家版本馆 CIP 数据核字（2023）第 236850 号

书　　名	公众参与文化遗产保护法律制度构建研究
	GONGZHONG CANYU WENHUA YICHAN BAOHU FALÜ ZHIDU GOUJIAN YANJIU
作　　者	梁岩妍　徐园
策划编辑	黄忠杰
责任编辑	马宁徽
责任校对	闫竟文
装帧设计	周香菊
出版发行	吉林大学出版社
社　　址	长春市人民大街 4059 号
邮政编码	130021
发行电话	0431-89580028/29/21
网　　址	http://www.jlup.com.cn
电子邮箱	jdcbs@jlu.edu.cn
印　　刷	天津鑫恒彩印刷有限公司
开　　本	787mm×1092mm　1/16
印　　张	9.75
字　　数	180 千字
版　　次	2024 年 3 月　第 1 版
印　　次	2024 年 3 月　第 1 次
书　　号	ISBN 978-7-5768-2706-4
定　　价	78.00 元

版权所有　翻印必究

前　言

本书以中国实践为基础，探究公众参与文化遗产保护的法律规制。文化遗产是全人类的共同财富，保护文化遗产需要公众参与，而公众参与文化遗产保护需要具备足够的法律规制和相关保障。随着社会不断发展，公众参与文化遗产保护的渠道和途径也越来越宽泛，这也给予了公众参与文化遗产保护更多的方式和空间。在习近平新时代中国特色社会主义思想的指导下，公众参与文化遗产保护，在建设法治政府、法治社会的基础上，坚持以人民为中心的思想，厘清公众参与文化遗产保护主体间的权利与义务内涵，通过对保护现状的分析，引出公众参与文化遗产保护目前存在的法律制定与运行问题，并围绕这些问题提出相关法治与政策建议。

全书共分为六章，第一章是对公众参与文化遗产保护概念的界定与法理分析。首先从文化遗产的内涵与外延、价值，以及公众参与的含义、法律渊源与制度构建两个层面明晰公众参与文化遗产保护的核心概念。其次，深入探究文化遗产理论、公众参与和公共信托等领域，为公众参与文化遗产保护提供足够的理论支撑。最后，阐述公众参与文化遗产保护的法理基础与法律价值。

第二章明晰了公众参与文化遗产保护的权利主体与义务主体。文化遗产保护公众参与的主体并不局限于我国公民，还应当扩大到全世界人民。公众参与文化遗产保护法律关系主体的权利来源依据权利主体的不同而有所差异，因此他们相对应的义务内涵也有所不同。行政机关在公众参与文化遗产保护中扮演着十分重要的角色，比如倡导、协调、组织社会其他部门积极参与保护工作；公开文化遗产信息，监督相关机构的保护工作。

第三章揭示了公众参与文化遗产保护的实践现状。随着我国法治社会的发展以及政府职能的转变，公众有参与文化遗产保护的更多契机，拓宽了公众参与的空间。公众参与文化遗产保护的意识觉醒、文化遗产所在地城市和乡村社区的功能加强以及文化遗产保护公益组织的兴起等都在积极推动着公众参与文化遗产保护。但是目前公众参与文化遗产保护也存在着许多亟待解决的问题，比如公众自主性降低、公众权利意识欠缺、文化遗产保护与地方经济发展难以兼顾以及现有立法不健全。

第四章论述了公众参与文化遗产保护的立法完善。针对本书第三章提出来的问题，在我国文化遗产保护立法模式与体系的基础上，建立公众参与文化遗产保护知情机制，健全公众参与文化遗产保护表达机制以及文化遗产保护诉讼机制。

第五章阐述了公众参与文化遗产保护的行政管理制度的完善路径。结合国内外政府在文化遗产保护中发挥的作用，构建完善的文化遗产行政管理体系，通过行政引导我国文化遗产保护公众参与，增强公众对参与文化遗产保护的认识，拓宽公众参与文化遗产保护的途径。

第六章阐述了完善文化遗产公益诉讼制度的实践路径，并增强公众参与文化遗产保护的司法保障。本章节以《民事诉讼法》《行政诉讼法》规定的公益诉讼制度为背景，分析建立文化遗产保护公益诉讼制度的必要性，通过学界讨论、现实法律模式、群众基础分析确立文化遗产保护公益诉讼制度的可行性，提出要构建完善的文化遗产保护公益诉讼制度，包括完善文化遗产公益诉讼的立法体系、确认主体资格等程序性、实体性事项以及确立完善的激励措施等，维护好对文化遗产保护的最后一道法律防线。

目　录

第一章　公众参与文化遗产保护的概念界定与法理分析 …………… 1
- 第一节　核心概念辨析 ………………………………………………… 1
- 第二节　公众参与文化遗产保护的理论依据 ………………………… 9
- 第三节　公众参与文化遗产保护的法理基础 ………………………… 19
- 第四节　公众参与文化遗产保护的法律价值 ………………………… 21

第二章　公众参与文化遗产保护的权利主体与义务主体 …………… 25
- 第一节　公众参与文化遗产保护相关主体评析 ……………………… 25
- 第二节　公众参与文化遗产保护法律关系中权利主体的权利来源 …… 36
- 第三节　公众参与文化遗产保护中的权利主体的义务内涵 ………… 53
- 第四节　公众参与文化遗产保护中行政机关的权力和职责 ………… 57

第三章　公众参与文化遗产保护的实践现状与问题揭示 …………… 67
- 第一节　公众参与文化遗产保护现状概览 …………………………… 67
- 第二节　公众参与文化遗产保护的法治推动因素 …………………… 73
- 第三节　公众参与文化遗产保护的问题揭示 ………………………… 79

第四章　公众参与文化遗产保护的立法完善路径 …………………… 88
- 第一节　文化遗产保护立法模式与体系概况 ………………………… 88
- 第二节　立法建立公众参与文化遗产保护知情机制 ………………… 92
- 第三节　立法建立健全公众参与文化遗产保护表达机制 …………… 97
- 第四节　立法建立公众参与文化遗产保护诉讼机制 ………………… 99

第五章　公众参与文化遗产保护的行政管理制度的完善路径 ……… 103
- 第一节　国内外政府在文化遗产保护中发挥的作用 ………………… 103
- 第二节　构建完善的文化遗产行政管理体系 ………………………… 108
- 第三节　行政引导我国文化遗产保护公众参与 ……………………… 115

第六章 文化遗产公益诉讼制度的完善路径 …… 126
第一节 建立文化遗产保护公益诉讼制度的必要性 …… 126
第二节 建立文化遗产保护公益诉讼制度的可行性 …… 129
第三节 构建完善的文化遗产保护公益诉讼制度 …… 132

后　记 …… 139

参考文献 …… 140

第一章 公众参与文化遗产保护的概念界定与法理分析

公众有权通过一定途径参与一切与文化遗产利益相关的活动。本章节对公众参与文化遗产保护的基础理论进行阐释，为后面章节提供理论支撑。首先探索文化遗产的内涵与外延，通过法教义学的方式明晰公众参与文化遗产保护的含义。再通过剖析学界对"公众参与"这一术语的多种释义，在总结出公众参与的主体、客体以及方式等基本问题的基础上，继续明晰公众参与文化遗产保护的概念。由此探索现行文化遗产公众参与的法律规范，了解公众参与文化遗产保护的法律渊源，再进行相关理论前提、法理基础和法律价值的剖析。

第一节 核心概念辨析

公众参与文化遗产保护，是指公众或社会组织通过提供财政支持、技术支持和志愿服务，参与、协助和支持文化遗产保护，积极参与有关文化遗产信息共享、运行、监督和控制等环节。

一、文化遗产的内涵与外延

文化遗产保护内容包罗万象，包括物质文化遗产保护和非物质文化遗产保护。"文化遗产"是一个不断发展，且具有深厚内涵和广泛意义的概念术语，与人类历史发展过程中的社会背景、文化基础和价值观念息息相关。根据马斯洛需求分析理论，人类有从注重物质需要到注重文化、精神需要的转变，促使人类对"文化遗产"的认识不断加深，"文化遗产"的概念从物质、有形、静态向非物质、无形、动态扩展。

我国现行法律法规对"文化遗产"并没有明确界定，但从现行法律法规中归纳出以下解释方式：

第一，文化遗产包括物质文化遗产与非物质文化遗产，是指具有历史、艺术和科学意义，与人民生活密切相关，具有代代相传的传统文明的综合概括。"非物质文化"与"物质文化"有着紧密的关系，"物质文化"是"非物质文化"的载体，而"非物质文化"则赋予"物质文化"以活力，从而使它变得更加丰富。物质文化遗产包括可移动文物和不可移动文物。

第二，物质文化遗产即我国现行法律中所称的文物，具有历史、艺术和科学价值。根据其存在形式，可以将其划分为两种类型：一种是可移动文物，一种是不可移动文物。可移动文物是一种可以被搬运，并且不会对其遗产的使用效果产生任何的变化，它的存在的意义并不依赖于周边的文化遗产的保存，而是通过文物自身来展示其完整性，历史上各时代的重要实物、艺术品、文献、手稿、图书资料等都属于可移动文物。而不可移动文物无法被搬运，一旦被搬运，就会对其遗产的价值和表现产生一定的不利作用，包括古文化遗址、古墓葬、古建筑、石窟寺、石刻、壁画、近现代重要史迹和代表性建筑等。根据第三次全国文物普查①最新数据，目前，我国登记不可移动文物近 77 万处，其中全国重点文物保护单位 2 352 处。国家核定公布历史文化名城 118 处，历史文化名镇名村 350 处。②

第三，非物质文化遗产是文化遗产的重要组成部分，包括传统文化表现形式及其相关的实物和场所。非物质文化遗产工作，既要对非物质文化遗产进行保护，又要对其进行有形地传承。其包括口头传播、传统艺术表演、民俗活动、礼仪与节庆、有关自然界的民间传统知识和实践、传统手工艺技能等以及与上述传统文化表现形式相关的文化空间。③

第四，作为人类文化瑰宝，文化遗产应当受到保护。社会的各个层面、各个专业领域都对文化遗产保护进行探索与实践，在政策与法律方面，联合国和世界各国都制定了国际法和国内法。国际性法律多达近百部，均直接或间接地明确文化遗产的重要性，相关国际法由公民经济、社会和文化权利保护国际组织和专门的文化遗产保护相关国际组织制定。这些国际法内容基本分为两个类型，一是着眼于人类主体权利的原则性规定，二是对文化遗产保护与修复技术

---

① 根据《国家"十一五"时期文化发展规划纲要》，国务院决定从 2007 年开始开展第三次全国文物普查，始于 2007 年 4 月，止于 2011 年 12 月，花时近五年。
② 第三次全国文物普查成果正式对外发布［EB/OL］. 江苏省人民政府官网. 2012-02-14/2021-10-02.
③ 国务院关于加强文化遗产保护的通知（国发［2005］42 号）［EB/OL］. 中国政府网. 2006-01-23/2021-10-02.

进行规定。代表性国际法律文件包括《世界遗产公约》《世界文化多样性宣言》《经济、社会和文化权利公约》《欧洲文化公约》《墨西哥公约》《关于历史性纪念物修复的雅典宪章》《关于保护景观和遗址的风貌与特性的建议》《国际古迹保护与修复宪章》《关于保护受公共或私人工程危害的文化财产的建议》《关于建筑遗产的欧洲宪章》《阿姆斯特丹宣言》《关于纪念物再生的欧洲决议》等。

第五,代表性国家的文化遗产保护相关国内法的制定目的主要在于保护人类的当代利益与后代利益,即以人类为中心的立法导向。各国国内法对文化遗产的具体规定主要分为以下两种类型:一是通过对客体价值判断界定文化遗产属性,二是规定公民的权利。如《西班牙历史遗产法》在序言部分第一条规定:"本法的目的是使西班牙历史遗产受到保护,使其不断增加,并且代代相传。"[①] 日本于1950年制定并于2022年重新修订的日本《文化财保护法》的第一条规定:"本法的宗旨是保护和利用文化财产,为人民文化的提高和世界文化的进步作出贡献。"韩国于2023年5月正式颁布的《国家遗产基本法》第一条规定:"法规定国家遗产政策的基本事项,明确国家和地方政府对国家遗产保存、管理和利用的责任,积极保护和创造性传承国家遗产,造福人民。目的是通过文化享受为提高生活质量做出贡献。"世界各国国内法的立法目的基本上均为了保存该国人民的文化财富并运用这些文化财富加深对人类文化的理解和认识。

二、文化遗产的价值

文化遗产是人类文明发展过程中所形成的宝贵结晶,是国家、民族的象征及信仰,其不仅承载了丰富的历史文化内涵,更寄托着人民群众深厚的历史情感。文化遗产使每个自然人对其所属的民族和国家的文化认同感得到增强。

文化遗产具有丰富价值,具体来讲有以下三点:(1)物质文化遗产具有包括开发价值、使用价值、保藏价值和旅游价值等在内的广泛的经济价值,但是物质文化遗产的寿命会随着开发使用次数的增多而降低,因此,应注重可持续发展,要做到对文化遗产合理有度地开发和利用,以保护为第一原则,平衡保存和利用两者之间的"度"。(2)包括物质文化遗产和非物质文化遗产在内的所有类型的文化遗产都具有艺术价值、情感价值和文化价值等丰富的精神价值,文化遗产承载了历史文化和民族精神财富,是属于全人类的共同财富。对文化遗产的保护就是对全民族共同利益的保护,文化遗产的传承关系着对历史

[①] 国家文物局法制处. 外国保护文化遗产法律文件选编[M]. 北京:紫禁城出版社,1993. 107.

的传承，有利于凝结民族精神，并对其进行升华，这同时也是我国社会主义精神文明的重要组成部分。（3）文化景观是近年来国际上提出的新的文化遗产类型，我国于2017年提出的长江、黄河、长城、大运河、长征路线五大国家文化公园①均属于文化景观，文化景观具有文化生态价值，帮助人类社会与生态人文环境进行和谐互动。对文化景观的破坏、损害意味着对文化生态价值的破坏，也意味着对人类生存环境的侵犯。保护文化景观就是保护人类历史空间和生存空间。以上三个价值不是孤立于彼此的存在，而是相互交错并且相互影响，在保护的过程中应该让这些价值发挥整体性的作用，使它们发挥综合影响力。

对文化遗产的保护有助于维护人类的整体利益，这句话也可以理解为：文化遗产是属于全人类的文化遗产，它不是专属于某一个国家或地区的遗产。要维护文化多样性就要保护文化遗产，这样才能维持人类社会的稳定发展，推动人类文明持续进步。所以，我们可以得出这样一个结论，即保护文化遗产也能让人类文化和人类文明得到有效保护。对于国家和民族而言，均离不开传统文化，即国家和民族的存续有赖于对传统文化的周全保护。通过加强对文化遗产的保护可以使某一民族的文化承载力和抵抗外来文化入侵的能力得到提升。

三、文化遗产保护公众参与的含义

公众参与由"公众"与"参与"两个概念构成。"公众"一词被广泛地用于日常生活、学术杂志和法律条文，指与特定的社会组织发生联系，并对其生存和发展具有重要影响的个人、群体和组织。② 然而，这个貌似耳熟能详的概念，其内涵和适用范围却随着社会发展而不断变化。即使处在同一历史时期，由于使用场合的不同，其含义也会有所不同。对"参与"含义的理解主要分为两种观点：其一是控制论，认为"参与"的本质是控制，是利益相关者能够用决策影响和控制事务的发展方向和他们所掌握的资源。其二是行为论，认为"参与"的本质并非决策本身，而是行为。然而，我们应当注意的是无论"控制论"还是"行为论"，"参与"都是一种难以保障的弱权利。

将"公众"与"参与"组合起来，国外学界对于"公众参与"的定义有

---

① 2017年1月，中共中央办公厅、国务院办公厅印发的《关于实施中华优秀传统文化传承发展工程的意见》中提出规划建设一批国家文化公园，成为中华文化重要标识。2019年12月5日，中共中央办公厅、国务院办公厅印发《长城、大运河、长征国家文化公园建设方案》。

② 王光娟，赵悦. 公共关系学 [M]. 上海：上海财经大学出版社. 2016. 72.

三种观点。第一种观点认为,公众参与侧重民众自主管理,将公众放在主体地位。德国学者 Fischer 和美国学者 Friedmann 是该观点的典型代表。他们认为社会应当是一个相当民主的社会群体,由社会群体担负起某种社会使命,从而形成一个较大的社会组织网络,由其内部成员之间通过对话来管理,与此同时,各社会群体为了达到自己的政治目的,在与外部势力的斗争中,以群体的方式参与决策,即所谓的"公共参与"[1]。因此,公众参与是人民寻求民主参与和自我治理的结果,强调透过社会团体,促进社会的良性发展。[2]

第二种观点认为,公众参与强调社会权利的分配,公众与政府同样承担起社会管理的权利与义务。美国学者 Arnstein 和 Skeffington 是该观点的典型代表人物,他们认为公众参与就是权利的重新分配,使得在现有政治和经济体系之外的公民,能参与社会政策制定[3]。公众与决策者共享政策与提案权利,承担政策与提案责任[4]。

第三种观点认为,在社会公共事务中,公众只是陪衬,公众参与的实际意义在于使政府决策更具科学性以及合理性,政府应当成为公共事务的主体,而公众并不处于重要的主体性地位。这一学说以美国学者 Glass 以及部分西方国家政府机构的官员为代表。Glass 认为,公众参与的制度设定只是提供可供民众参与政府决策和规划的可能性,并不会对政府决策和规划的最终出台与实施产生太大影响。[5] 1998 年联合国欧洲委员会发布的《奥尔胡斯公约》指出,在一个民主的社会中,人民可以通过非暴力的合法途径来表达思想,从而对公共政策产生影响,并且对公共决策的形成和执行拥有发言权[6]。美国内政部所制定的《关于保护计划的指导方针和标准》指出,公共参与只是确保规划被认可的因素。

因此,我们根据国外学界对"公共参与"定义理解的三个观点,从参与

---

[1] [美] 约翰·弗里德曼 Friedmann J. 公共领域规划 Planning in the Public Domain [M]. 新泽西州普林斯顿 Princeton NJ: 普林斯顿大学出版社 Princeton University Press, 第三章 part III, 1987.

[2] [美] 弗兰克·费舍尔 Fischer F. 技术政治与专业政治 Technocracy and the Politics of Expertise [M]. 美国加州千橡市 Thousand Oak. CA: Sage 出版集团, Sage Publications. 1990.

[3] [美] 雪莉·阿恩斯坦 Sherry R. Arnstein. 公民参与的阶梯 A ladder of citizen participation [J]. 美国规划师协会杂志 Journal of the American Institute of Planners. 卷 35, 1969 (04): 216-224.

[4] 李春梅. 城镇居民公众参与态度实证研究——以成都市为例 [J]. 国家行政学院学报, 2006 (05): 67-70.

[5] [美] 詹姆斯·格拉斯 James J. Glass. 公民参与规划: 目标与技术之间的关系, Citizen Participation in Planning: The Relationship Between objectives and Techniques [J]. 美国规划协会杂志 Journal of APA, 1979, April: 180-189.

[6] 联合国欧洲经济委员会 UNECE. 《奥胡斯公约》司法手册 Handbook on Access to Justice under the Aarhus Convention, 2003 [R]. 256.

主体的多少与参与内容范围的大小可总结出适用于我国文化遗产公众参与的三个层次的含义。其一，公众参与主体和参与事项最为广泛，认为无论是社会组织还是公民个人，都有参与所有与文化遗产保护相关事项的权利与义务，强调公众的主体与独立地位。其二，公众的主体作用相对弱化，所有公民要在遵循相关法律法规的基础上，参与政府决策、监督政府行为。其三，公众参与的主体和事项最为限制，只有与文化遗产有直接关系的公民有权参加政府所作的文化遗产保护相关决策。本书将采取第一层面的含义，对"文化遗产保护公众参与"下个最终的定义，即在一定社会条件下，公民个人或者组织通过合法方式，主动参与任何与文化遗产保护相关的政府决策和具体行动。主体应当包括一国之内的全体公民、法人、社区、公益组织，但不包括国家机关。[①] 参与的内容是文化遗产保护相关的公共事务以及政策制定等。参与方式合法多样，如沟通会、听证会、咨询会、座谈会等。

四、文化遗产保护公众参与的法律渊源

要想深入探讨文化遗产保护公众参与的法学理论与实践，就需要首先对我国文化遗产保护的法律法规进行梳理。根据庞德的法律观点，法就是"依照一批在司法和行政过程中使用的权威性律令来实施的高度专门形式的社会控制"。[②]《文物保护法》《非物质文化遗产法》是基于"保护文化遗产"之目的所制定的法律，具有"跨领域的特性"，凡是与文化遗产保护有关的法律规范，如民法、刑法、行政法、环境法、宪法、国际法等，皆可以纳入文化遗产保护法的范围，而其中以"文化遗产行政法"的规范内容最为丰富，保护方法多样，构成文化遗产保护的主要法律手段之一。我国文化遗产保护相关法律类似于环境法，属于社会法和公法范畴。

我国文化遗产保护的法律渊源中各层次较为齐全，但是缺乏对文化遗产保护公共参与的直接的法律规范。我国社会主义法的正式意义上的渊源有：宪法、法律、行政法规和军事法规，地方性法规、自治法规、经济特区法规、特别行政区法规和国际条约。[③] 政策、案例、习惯、学说、宗教教规是非正式渊源。文化遗产保护以《中华人民共和国文物保护法》和《中华人民共和国非物质文化遗产法》为主要渊源，这两项文化遗产专项法律是由全国人大常委会制定的。国务院制定的行政法规是置于次要效力的规范性文件，如《历史

---

① 赵正群. 得知权理念及其在我国的初步实践 [J]. 中国法学, 2001 (03): 47-53.
② 庞德. 通过法律的社会控制、法律的任务 [M], 沈宗灵译. 北京: 商务印书馆, 1984. 22.
③ 沈宗灵. 法理学（第三版）[M]. 北京: 北京大学出版社, 2009. 264.

文化名城名镇名村保护条例》《文物保护法实施条例》。中华人民共和国文化和旅游部发布的部门规章，如《文物认定管理暂行办法》《城市紫线管理办法》《历史文化名城保护规划编制要求》《考古涉外工作管理办法》等，这些规章具有极强的专业性、技术性。此外，还有设区市以上地方人大和政府制定并发布的关于文化遗产的地方性法规、规章以及其他规范性文件。

《文物保护法》《非物质文化遗产法》作为广义的行政法，只能通过设置国家机关的文化遗产保护事业的权力与责任，间接性地对公众参与文化遗产保护进行规制。例如规定国家鼓励和支持开展非物质文化遗产代表性项目的传承、传播；国家鼓励公民、法人、社会团体等主体通过捐赠等方式设立用于文物保护的专项社会基金；国家加强文物保护的宣传教育，增强全民文物保护的意识，鼓励文物保护的科学研究，提高文物保护的科学技术水平；国家对于文物保护成绩突出的单位或者个人，给予精神鼓励或者物质奖励。①

《非物质文化遗产法》第二十八条规定："国家鼓励和支持开展非物质文化遗产代表性项目的传承、传播。"在地方性法规层面，鼓励公众参与的规定更为细化和具有操作性，如鼓励企业、个人参与文物保护的资金援助，政府给予其税收减免、贷款优惠政策。如浙江省人民政府在1998年制定的《关于加强和改善我省文物工作的通知》，对博物馆、革命纪念馆和县级以上政府公布

---

① 《中华人民共和国非物质文化遗产法》的第四章 非物质文化遗产的传承与传播共十条都在规制国家鼓励公众参与非物质文化遗产保护。

《中华人民共和国文物保护法》第十条 国家发展文物保护事业。县级以上人民政府应当将文物保护事业纳入本级国民经济和社会发展规划，所需经费列入本级财政预算。

国家用于文物保护的财政拨款随着财政收入增长而增加。

国有博物馆、纪念馆、文物保护单位等的事业性收入，专门用于文物保护，任何单位或者个人不得侵占、挪用。

国家鼓励通过捐赠等方式设立文物保护社会基金，专门用于文物保护，任何单位或者个人不得侵占、挪用。

第十一条 文物是不可再生的文化资源。国家加强文物保护的宣传教育，增强全民文物保护的意识，鼓励文物保护的科学研究，提高文物保护的科学技术水平。

第十二条 有下列事迹的单位或者个人，由国家给予精神鼓励或者物质奖励：

（一）认真执行文物保护法律、法规，保护文物成绩显著的；

（二）为保护文物与违法犯罪行为作坚决斗争的；

（三）将个人收藏的重要文物捐献给国家或者为文物保护事业作出捐赠的；

（四）发现文物及时上报或者上交，使文物得到保护的；

（五）在考古发掘工作中作出重大贡献的；

（六）在文物保护科学技术方面有重要发明创造或者其他重要贡献的；

（七）在文物面临破坏危险时，抢救文物有功的；

（八）长期从事文物工作，作出显著成绩的。

的文物保护单位的捐赠,在年度应纳税所得额 3%以内的部分,经主管税务机关审核后,在计算纳税数额时予以扣除。① 山西省于 2015 年实施的《山西省社会力量参与古建筑保护利用条例》规定了企业认领古建筑,政府给予企业税收减免的优惠政策。② 因此,我国各个层级的法律渊源都制定了间接性鼓励公众参与文化遗产保护的条款。

五、文化遗产保护公众参与的法律制度构建

"文化遗产保护公众参与的法律制度的构建"这一词组有两种方式的解读,一是将"文化遗产保护法律制度"作为客体,公众参与作为主体,公众参与到文化遗产保护制度中,如公众参与到文化遗产保护的立法、行政、司法工作中。还有一种解读方式是将"公众参与文化遗产保护"作为客体,法律制度作为主体,用立法方式、行政管理方式、司法方式去保障公众参与到文化遗产保护工作中去。中国新时代法治建设涉及四个环节——立法、行政、司法、社会,由此,在文化遗产保护领域应当构建公众立法参与、行政参与、司法参与、社会参与四位一体的文化遗产保护法律机制。本书采取第二种方式,将法律制度作为主体,公众参与作为客体进行解读。

(一)公众参与文化遗产保护立法

立法程序是民意的体现。从立法的角度讲,公众参与文化遗产保护的方式有两种:一种是间接参与,投票选举文化遗产保护工作领域相关专家与爱心人士成为人大代表,由人大代表参与文化遗产保护的立法;另一种方式是直接参与,即立法者以召开听证会、论证会、座谈会等方式向公众征集相关的文化遗产保护法律草案时,公众踊跃参与并充分表达自己的观点。尽管文化遗产保护的立法专业化、科学化程度较高,但这不是排斥公众于立法之外的理由,反之,立法的民主性、程序性要求任何法律法规的制定必然有公众的参与。

(二)公众参与文化遗产保护的行政管理

公众参与文化遗产保护的行政管理包括三个方面:第一,决策性参与,公众通过参与听证会、提意见等方式协助行政机关建立文化遗产保护质量标准,以及参与文化遗产保护相关评估事务。第二,执法性参与,是指公众积极支持、协助相关行政执法机关实施文化遗产保护工作,例如举报、揭发社会存在

---

① 叶正洪. 社会转型时期文物保护的公众参与问题 [J]. 北方文物,2005 (02):101-104.
② 贾理智. "认领"古建筑 请怀公益心 [N]. 中国商报,2014-03-27 (01).

的破坏文化遗产的行为等。第三，监督性参与，即公众以各种途径监督行政部门的行政行为是否落实文化遗产保护相关法律法规，最终达到保护文化遗产的目的。

（三）公众参与文化遗产保护的司法程序

司法是文化遗产保护的最后一道防线，公众也应参与到文化遗产保护司法过程中。公众参与文化遗产保护司法主要是指公众参与到涉及文化遗产保护的公益诉讼中。公益诉讼是相对于私益诉讼而言的，是指有关国家机关、社会团体和公民个人，对侵犯国家利益、社会公共利益的行为，请求人民法院进行纠正和制裁的诉讼活动，分为民事公益和行政公益两大类。原告可以是权利直接被侵害的社会团体和个人，也可以是权利未被直接侵害的团体和个人。

（四）公众参与文化遗产社会保护

公众参与文化遗产保护中的社会参与指的是公民个人参与到社区、民间公益组织、专家机构和企业法人中，以社会集体的力量参与到文化遗产保护事业中去。在保护好文化遗产的同时，对政府进行监督，从而保障自身的文化权利和财产权利。我们可以将社区、各地文化遗产保护中心和协会看作公民个体的代理人，因公民个人的力量薄弱，而社区、保护中心和协会依靠集体的力量，在保护文化遗产的同时，为公民个人争取权利。

第二节　公众参与文化遗产保护的理论依据

公众参与文化遗产这一课题与文化遗产学、政治学、经济学等多门学科相关，探索公众参与文化遗产所蕴含的普遍理论前提，能够为进一步的法理探讨打下坚实的基础。

一、文化遗产学相关理论

文化遗产学的基础理论是关于文化遗产的界定、属性、形成机制、评价和发展的基本原理研究。[①] 与公众参与文化遗产保护这一课题所关涉的理论包括

---

① 石晓蕾. 文化产业化建设背景下文化遗产传承的空间策略 [M]. 北京：北京工业大学出版社，2019. 13.

文化遗产保护方式的通用原则、历史城市保护理论和世界遗产保护理论。

(一) 文化遗产保护方式的通用原则

无论是物质文化遗产还是非物质文化遗产的保护，往往坚持三个通用的原则，即原真性原则、完整性原则和活化利用原则。

1. 原真性原则

原真性（authenticity）也被称为"真实性""本真性"，为了解"原真性"的涵义，按照《牛津高阶英汉双解词典》中的解释，有以下三种涵义："'按照传统或原先的模式或者忠实的呈现原物'，'基于事实的、正确的、可靠的'，'表示一种特有的情感、重要的意义、目的，以及人类共同生活的重要模式（与存在主义的哲学观有关）'。"[①] 王云霞教授主编的《文化遗产法教程》中对"原真性"原则下了以下定义："要求在文化遗产的认定、记录、保存、修缮、传承等各个环节，完整准确地保护文化遗产本身的历史信息和文化价值的真实性，不得随意改动、破坏其历史信息和文化价值。"[②] "原真性"这一术语来源于国际法，国际古迹遗址理事会（International Council on Monuments and Sites 简称为 ICOMOS）于 1964 年制定了《关于古迹遗址保护与修复的国际宪章》（因在威尼斯签订，也被称为《威尼斯宪章》），该宪章是建立在意大利学派的修复理论和方法之上，该宪章虽然没有明确指明"原真性"这一名词，但是强调"保护与修复古迹的目的旨在把它们既作为历史见证，又作为艺术品予以保护。"它所倡导的"原真性"在欧洲得到了普遍的承认，并在当代文化遗产的保护中发挥着重要作用。随后 1994 年在日本奈良签订的《奈良真实性文件》（the Nara Document on Authenticity）详细地阐释了"真实性"，明确地肯定了真实性原则适用于所有的文化遗产，并提出"威尼斯宪章所探讨及认可的原真性是有关价值的基本要素……"。国际文化遗产界对文化遗产的原真性十分重视，究其原因，是因为文化遗产的原真性来源于其历史价值。任何对历史的知晓都要求的是文物对历史描述的真实，考古学家和历史学家从古迹上寻找的就是反映其设立与存在时的社会真实情况，如果文物在随后遭受一丝人为的改动，也会使后人对古代社会产生错误的认识。原真性原则的确立还有另外一个原因是受到欧洲 17—19 世纪对历史建筑修缮理念的影响。受欧洲浪漫文学思潮和经验主义美学思潮的影响，19 世纪的"残缺美"

[①] A S Hornby. 牛津高阶英汉双解词典（第 8 版）[Z]. 赵翠莲, 邹晓玲等译. 北京：商务印书馆, 2014. 305.

[②] 王云霞. 文化遗产法教程 [M]. 北京：商务印书馆, 2012. 50.

/ 第一章　公众参与文化遗产保护的概念界定与法理分析 /

和"废墟美"的理念为人们所关注,该理念来源于"反修复"主义,在于尊重文物建筑的老化的自然法则,对文物进行定期维护和管理即可。英国建筑学家拉斯金认为对文物修复是一种破坏,建筑物的生命与精神,只有工匠的手与眼才能赋予,一旦修复,就不可能再呈现出原来文物的灵魂,即使在另一个时代,可能会赋予另一种灵魂与精神,但这使它也就变成了一座新的建筑。拉斯金认为保护比修复更为重要。然而这种"反修复"的极端思想也为当时大部分人所诟病,这种"躺平"式的反修复思想使得文化遗产无法得到科学的保护措施。岁月虽然赋予文物珍贵的特性,但是也使其面临腐朽坍塌的危险。随后,"风格式修复"的理念应运而生,法国建筑师维欧勒·勒·杜克则主张通过对建筑的修复,使其回归到"完美"的境界,也就是从思想层面上寻找"真实"。19世纪末,意大利学者注重文化遗产的真实性,即提出"最小干预原则":除非万不得已,文物建筑宁愿修缮也不修复。如果文物残缺,需要修缮,那么必须在对文物进行充分研究的基础之上才能进行修缮,用来修缮的新材料应与原始材料区分开来,易于辨认和清除。以上主张较为科学,因此,成为现代文化遗产保护理论的基础。这一理念对后世影响最为广泛,《威尼斯宪章》这一重要的国际性文件也据此观点制定文物修复方式条款。①

　　在我国国内法层面,虽然没有提出"原真性"这一名词,但是却出现了"原真性"的同义词"保持原状"。《文物保护法》第二十一条规定:"对不可移动文物进行修缮、保养、迁移,必须遵守不改变文物原状的原则";第二十六条规定:"使用不可移动文物,必须遵守不改变文物原状的原则,负责保护建筑物及其附属文物的安全,不得损毁、改建、添建或者拆除不可移动文

---

①　《威尼斯宣言》第九条　修复过程是一个高度专业性的工作,其目的旨在保存和展示古迹的美学与历史价值,并以尊重原始材料和确凿文献为依据。一旦出现臆测,必须立即予以停止。此外,即使如此,任何不可避免的添加都必须与该建筑的构成有所区别,并且必须要有现代标记。无论在任何情况下,修复之前及之后必须对古迹进行考古及历史研究。
第十条　当传统技术被证明为不适用时,可采用任何经科学数据和经验证明为有效的现代建筑及保护技术来加固古迹。
第十一条　各个时代为一古迹之建筑物所做的正当贡献必须予以尊重,因为修复的目的不是追求风格的统一。当一座建筑物含有不同时期的重叠作品时,揭示底层只有在特殊情况下,在被去掉的东西价值甚微,而被显示的东西具有很高的历史、考古或美学价值,并且保存完好足以说明这么做的理由时才能证明其具有正当理由。评估由此涉及的各部分的重要性以及决定毁掉什么内容不能仅仅依赖于负责此项工作的个人。
第十二条　缺失部分的修补必须与整体保持和谐,但同时须区别于原作,以使修复不歪曲其艺术或历史见证。
第十三条　任何添加均不允许,除非它们不致于贬低该建筑物的有趣部分、传统环境、布局平衡及其与周围环境的关系。

物。"该法第六十六条规定了改变不可移动文物原状将会被追究行政责任,即"由县级以上人民政府文物主管部门责令改正,造成严重后果的,处五万元以上五十万元以下的罚款;情节严重的,由原发证机关吊销资质证书。"原状是指文物产生和历史形成的状况,不一定是文物最早的状况。文物原状的内容主要包括:第一,文物规模和布局及其相互关系;第二,建筑结构、形式、法式及其主要材料;第三,文物形式、内容和艺术手法;第四,文物周围的地形、地貌、自然环境和历史人文环境等。四者并不是缺一不可,需要根据每处文物具体情况确定。[①] 文物的历史、艺术、科学价值都包含在文物的原状中,如果原状改变,那么就改变了原状所具有的历史、科学技术和文化艺术水平的时代性,从而就失去了原有价值,甚至会向人们和后代传递某种错误信息。

2. 完整性原则

完整性保护(integrity),也被称为整体性保护。即对非物质文化遗产的内部与外部,其本身与周围的自然环境的整体保护,对非物质文化遗产进行活化利用,与遗产地群体的生产生活合二为一。在国际上,很早就出现了人文环境与自然环境整体保护的理念与法律规定,尤其是《保护世界文化与自然遗产公约》规定应当将文化遗产与自然遗产综合保护,并提出了"文化景观"这个文化遗产与自然遗产相融合的新的世界遗产形式。

完整性保护中的一个重要内容是历史建筑的原址保护和非物质文化遗产与人类的生产劳动相结合的活化保护。因为文化遗产的产生、形成是与周围人文及自然环境紧密相连,构成一个整体,蕴含着诸多历史、文化、科学信息。其产生并不是偶然的,而是与国家或当地社会历史发展,或与政治、经济、军事、科技、民族和宗教等方面有着不可分割的联系。原址保护或活化保护可将其历史、艺术、科学价值和各种文化信息较好地保存下来,有利于文化遗产的研究和发挥作用。完整性保护与原址保护在我国文物保护法都有所体现,《中华人民共和国文物保护法》第二十条规定:"建设工程选址,应当尽可能避开不可移动文物;因特殊情况不能避开的,对文物保护单位应当尽可能实施原址保护","实施原址保护的,建设单位应当事先确定保护措施,根据文物保护单位的级别报相应的文物行政部门批准;未经批准的,不得开工建设。"《中华人民共和国非物质文化遗产法》第三十七条规定:"国家鼓励和支持发挥非物质文化遗产资源的特殊优势,在有效保护的基础上,合理利用非物质文化遗产代表性项目开发具有地方、民族特色和市场潜力的文化产品和文化服务。开发利用非物质文化遗产代表性项目的,应当支持代表性传承人开展传承活动,

---

① 李晓东. 文物保护法概论 [M]. 北京: 学苑出版社. 2002. 162.

保护属于该项目组成部分的实物和场所。县级以上地方人民政府应当对合理利用非物质文化遗产代表性项目的单位予以扶持。单位合理利用非物质文化遗产代表性项目的，依法享受国家规定的税收优惠。"间接鼓励非物质文化遗产在人类生产生活中加以利用。

3. 合理利用原则

习近平总书记在中国共产党第二十次全国代表大会上所作的报告中提出："我们要坚持马克思主义在意识形态领域指导地位的根本制度，坚持为人民服务、为社会主义服务，坚持百花齐放、百家争鸣，坚持创造性转化、创新性发展，以社会主义核心价值观为引领，发展社会主义先进文化，弘扬革命文化，传承中华优秀传统文化，满足人民日益增长的精神文化需求，巩固全党全国各族人民团结奋斗的共同思想基础，不断提升国家文化软实力和中华文化影响力。"

在传承中华优秀传统文化中进行"创造性转化、创新性发展"的直接方式就是对文化遗产进行"合理利用"。对文化遗产的展示和利用，可以提升公众认知。在"合理利用"方面，澳大利亚文化遗产委员会于1999年制定的《巴拉宪章》规定了"相容用途"（compatible use）的概念，指的是文物古迹应当加以利用，但这种利用必须与原物"相容"。这里的"相容"有三层涵义：一是不会改变能体现原有文化意义的实物；二是改变了的部分大体上仍能修复回原状；三是改变后造成的影响不大。《巴拉宪章》的这一条规定，与其说是放宽了对保护的要求，毋宁说更有利于保护。近年来世界各国实践证明，保护与利用既可能产生矛盾，也可以相互促进，提出在"相容用途"的前提下允许适度改建，也可以说是一种积极的保护观念。[1]

在保护与利用的关系上，很多人认为文物保护与利用是一对矛盾关系，将利用当作保护的对立面，但是很多文化遗产相关国际法都明确提出其中合理利用的一个重要方式就是"展示"。在我国现行《文物保护法》第四条也规定"文物工作贯彻保护为主、抢救第一、合理利用、加强管理的方针"。改革开放后，随着我国经济的快速发展和综合国力的不断增强，以文化遗产观赏、自然风光游览为主的旅游产业迅速崛起。文物利用带来了诸多好处，文物的文化价值为观光客所利用，丰富其文化生活、扩充其知识、扩大其视野、提高其文化素质。对内而言，文物的展出可以提升本民族的认同感；对外而言，提高中国的软实力，让世界充分领略绚丽多彩的中国文化。文物的文化价值可以转变为资源价值，促进旅游业发展。旅游业是名副其实的朝阳产业，对文物保护单

---

[1] 王世仁. 王世仁建筑历史理论文集 [M]. 北京：中国建筑工业出版社，2001. 375.

位而言，文化遗产旅游业发展可以解决文物保护费用不足的问题；对当地政府而言，文化遗产旅游业可以拉动经济增长、增加就业。然而文物保护事业也出现了一些问题，文物旅游开发过度或者管理不善，更加剧了文物毁损程度，增加文物保护与执法的难度。① 我们应注意合理利用，如敦煌莫高窟、北京故宫等著名文化旅游景点采取网上预约制，预约达到规定的日参观人数后，该日就无法预约参观。保护是文化遗产工作的先决条件，是在保护的基础上对文化遗产加以利用。

同样，非物质文化遗产也应当进行动态化与活态化利用。近年来，我国非物质文化遗产的活化利用有两种方式：一是设立非遗传承人制度，以尊重民生为宗旨，充分尊重和满足人民对生活的需要，重视遗产地居民生活状况、物质条件和经济发展，充分发挥其在传统文化传播与宣传的作用。二是提出了"文化空间"这一术语，特指那些非物质文化遗产蕴藏量最为丰厚的地区。如果某一个地区的各种非遗类型特别丰富又无法割裂，则可以将该地区的各种文化遗产或自然遗产以"文化空间"名义打包申报世界遗产，建设生态博物馆、民俗村和文化生态保护区，从而有利于文化遗产地的开发利用和传统文化的传承。②

（二）历史城市保护理论

"历史城市保护"是城市规划中的一项重要内容，它所涵盖的范围已超越了历史建筑博物馆的范畴，或仅限于对文物保护的范畴。在城市总体规划中，对文化遗产进行全面保护，既有经济利益也有文化利益的考量。这就使文化遗产保护从一个边缘化的位置，变成了一个重要且有实际意义的理论。

"历史城市保护"理论早在17世纪就已确立，在20世纪中叶后得到大发展。二战后，为缓解人民的痛苦，解决城市住房问题，欧洲各国纷纷进行"城市更新"。这场运动深受现代派都市计划与建筑理论的影响，他们将目光投向建筑师与规划者们所描绘的宏大形体计划，以期达到如诗般美好的完美典范。然而，随着大量历史建筑在此过程中被毁，大规模的城市更新不仅未能达到预期效果，而且给很多历史古城造成无法弥补的严重损害，并且使市中心区域的衰落更加严重。日本千叶大学的木原启吉教授在《历史的环境》一书中指出，日本历史建筑遭受过四次灾难，最严重的一次灾难发生在20世纪50年

---

① 梁岩妍. 城市化背景下的文物保护法理探析 [J]. 河北法学, 2013（07）：137-143.
② 崔旭. 中国非遗保护语境下文化空间的空间化问题反思 [J]. 东南学术, 2022（05）：116-124.

代的经济快速增长时期，文物不仅被摧毁了，诸多重要的历史信息也消失了。① 从世界各国城市更新的情况来看，所有的大规模的改革，都没有成功的例子。因此，建筑学界和文化遗产学界对"城市更新"进行了深刻的思考，总结了"推倒重来"的大规模城市规划的缺陷。随着可持续发展思想的影响，新的城市建设理论与实践被纳入"历史城市保护"的范畴，从而使其进入了一个崭新的发展阶段。

现在被广泛认可和普遍应用的历史城市保护理论包含了以下几个方面：在保护的客体方面，不仅仅要保护历史建筑自身，还要保护历史建筑周边的建筑物、自然环境和人文环境延伸；在保护范围方面，从文物建筑单独保护扩展到历史遗址最后到整个城市保护，呈逐渐扩大趋势；在保护深度方面，除了保护文化遗产本体还要保护其蕴含的历史文化特征；在保护方式方面，从单纯的文物考古、建筑修缮扩展为合理利用、活态展示等多个领域的综合性活动。保护传统城市文化也从设计师、规划师、专家学者的单边介入变成更大范围的社会调查和公众参与。

历史城市保护理论为人类文明与生活带来诸多益处。其一，有利于现代人对祖先的了解，增强人们对民族文化的认知。城市历史保护到今天，不应当只是对历史遗迹的单纯维护，而是应以历史遗迹的保护为切入点，对可能会影响文化空间环境和景观品质的建设工程进行管理，为城市的历史、建筑艺术做出贡献，同时也能保持城市特色，提升城市魅力。其二，历史城区保护不仅是为了过去，也是为了现在和未来，使当代人和子孙后代获得更多的收益。城市更新和再开发是城市不断变化、交替的过程，同时也是城市发展的基础。良好的城市规划设计应该做到时代的多元化与一致性并行，以使城市整体能够协调共生、有机地成长，同时也要避免不适当的变化甚至是毁坏原有的居住环境，并为今后的发展指明方向。

因此，"历史城市保护"不仅属于文化遗产保护的理论与实践，更是认识城市、指导城市建设的思想标尺，是城市规划设计的重要手段，也是今后城市规划设计的重要任务。

(三) 世界遗产保护理论

所谓世界遗产，特指被联合国教科文组织和世界遗产委员会确认的人类罕见的目前无法替代的财富。② 从文化内涵上看，世界遗产具有三大特点：世界

---

① 张松. 历史城市保护学导论（第三版）[M]. 上海：同济大学出版社，2022. 187.
② 阮仪三. 保护世界遗产的要义 [J]. 同济大学学报（社会科学版），2002 (03)：1-3.

性、多样性和独特性。其中，世界性突出文化遗产的全球保护，多样性包括地球上的一切自然和人类的创造，独特性即不可替代性，如果世界遗产被摧毁，原有的遗产样貌将无法复原。世界遗产保护的术语与相关理论的诞生是国际古迹遗址理事会以及联合国教科文组织等国际组织和专业组织进行政策与法规制定不断进化的结果，也是人类对文化遗产保护观念的全面化和保护意识的逐渐科学化、整体化的结果。

世界遗产的申报入选标准、保护手段与方法十分严格，必须符合国际公认标准，具体要求为"原真性、整体性、可读性和可持续性"。其一，原真性。这一标准要求保护文化遗产所包含的是原生的、本来的、真实的历史信息。世界遗产申报入选标准上提出了真实性的要求，明确地提出入选名录的遗产不能按照臆想来重建与恢复。如果选用现代的建筑材料和施工工艺对古建筑修复或重建，便没有遵循文化遗产保护的原真性原则。其二，整体性。文化遗产是一个整体，文化遗产与周边环境唇齿相依，脱离周边环境，文化遗产的价值就会减少，甚至失去。所以应当对文化遗产进行整体性保护。其三，可读性。文化遗产带有历史印记，阐释着不同时代的文化、历史以及技艺等。可读性要求在文化遗产保护时，不能用现代的臆想去代替历史本来的面目，如大量的重建、复原、仿造古建筑，都是不符合可读性的原则。其四，可持续性。文化遗产是全人类的共同财富，需要全人类共同守护。保护世界遗产的同时要坚持"立足保护、科学规划、合理开发、永续利用"的原则，由此，带动遗产所在地区和国家的文化、经济及旅游业的可持续发展，从而使世界遗产资源走向保护与开发良性循环的轨道。[1]

二、民主与公众参与理论

文化遗产是人类生产生活的最具有价值的保存与记录，是人类的普遍意愿和共同关切，保护文化遗产就是保护全人类的整体利益，社区、群体、个人都是受益人，因此，保护文化遗产不应脱离人民群众。不同民族地区的文化多样性及社区、群体和个人的文化认同应得到充分尊重，且应涵盖在保护措施的制定和实施中。

公众参与符合人权原则，符合国际人权文件的精神，符合相互尊重的需要，符合可持续发展的要求。[2] 联合国教科文组织于 2016 年制定出台的《保

---

[1] 周文. 世界文化与自然遗产（第 1 册）[M]. 长春：吉林人民出版社，2013. 17.
[2] 朝戈金. 联合国教科文组织《保护非物质文化遗产伦理原则》：绎读与评骘 [EB/OL]. 中国人民文学网. 2017-05-23/2022-10-03.

护非物质文化遗产的伦理原则》确立了："1）社区、群体和有关个人应在保护其自身非物质文化遗产中发挥首要作用。2）社区、群体和有关个人为确保非物质文化遗产存续而进行必要实践、表示、表达、知识和技能的权利应予以承认和尊重。"① 这两条是与公众参与有关的民主原则。从理论上讲，"民主"就是"参与"，"参与"是"民主"的本义，两者密不可分。在实践中，根据参与主体的数量，将其划分为两种参与类型：一种是提倡社会全体成员参与公共行为、公共事务，引导基层群众的直接参与，增强群众的自觉性；另一种是以专家或者行政官员为代表参与公共行为、公共事务，同时，充分利用政府与民众的有效沟通与友好协商，以推动民众意愿的表达与落实。② 大部分公众参与都是将民众参与和精英治理结合起来。当前，促进公众参与文化遗产保护事业已成为党和政府的重要工作之一。

我国作为一个人民民主专政的社会主义国家，人民是国家的主人，公众参与既可以增强公民的政治效能，也可以增强公民的社会责任感，推动公民的广泛参与，从而推动社会主义民主的真正实现。公共参与作为民主理论的一个重要内容，它是一个终极目标，也是保护社会公共利益的重要理论问题。

三、公共信托理论

公共信托理论为公众参与文化遗产保护提供了一个全新视角。

其一，我们应当明确文化遗产是全人类共同拥有的"公共物品"。在经济学领域中，"公共物品"是"公共信托理论"下一个非常重要的概念。公共物品是指具有公共消费特征的物品，它与私有财产是相对的。③ 公共物品种类繁多，其中以国防、治安、社会管理等最具代表性。公交、邮政、卫生、供水、供电、行政管理、基础教育和文化遗产等方面都在某种程度上体现了公共物品的特性。公共物品具有以下两大特点：一是非竞争性，单独某个人对某项物品的消费，并不影响他人对该物品的消费，对于生产者来说，这表示生产的边际成本不会随着消费者数量的增长而提高；二是非专有性，没有为某物品支付对价的个人也享有该项物品的利益，也即"搭便车"。一般认为，公共物品的出现可以促进社会福利的增长。而文化遗产属于公共物品，具有非竞争性和非专

---

① 联合国教科文组织. 保护非物质文化遗产的伦理原则（2016）[EB/OL]. 中国非物质文化遗产网. 2016-12-16/2022-10-03.

② 陈炳辉. 弱势民主与强势民主——巴伯对民主的批判 [J]. 贵州工业大学学报（社会科学版），2008（03）：5-12.

③ 秦颖. 论公共产品的本质——兼论公共产品理论的局限性 [J]. 经济学家，2006（03）：77-82.

有性，并且权利主体与客体不够明确且范围广泛。①

文化遗产的艺术、科学和历史价值可以让很多人同时享受与领略，而且文化遗产价值的大小不会随受益的人数的增减而改变。且文化遗产是集体性的，反映了某个国家、民族、地域共同的文明。加强文化遗产的保护，不仅关系到国家的文化安全、社会的和谐发展，也关系到文化的传承，更关系到国际社会的文明交流与可持续发展。因此，保护文化遗产要以国家、民族的利益为出发点，以增进民族认同感、推动文化多样性、激发人类创造性、增进国家与民族间互信和促进社会可持续发展为终极目标。保护文化遗产，必须注重其真实性、完整性和继承性，这对加强民族文化认同、维护民族团结、促进社会和谐和可持续发展具有重要意义。

其二，公共信托理论在文化遗产保护领域的突出体现，即在一国之内，文化遗产交由政府进行保护与管理，由此公民与政府形成某种信任关系。公共信托原则的中心思想是：所有的公民都享有共同的物品或者财产，所有的公民都有平等的权利，国家以信托关系为基础，对公共财产进行管理。公共信托原则起源于古罗马习惯法，并在英美法系国家沿用了数百年。在古罗马时期，"公有""共有""现代公共信托原则"等概念诞生，近代以来，英国的公共信托学说得到初步发展，随后又在美国发扬光大。将公共信托理论引入到文化遗产保护领域中，为文化遗产相关物权分化后的公民利益提供了基础。遵循公共信托原则，当把文化遗产交由受托人，文化遗产相关物权就发生分离。受托人享有非收益权以外的权能，如占有权和使用权，但受托人无法将管理文化遗产所获得的财产性收益收归其个人所有。公民享有的文化遗产的权利其实是对文化遗产的诉求，在公共信托理论支持下，公民对文化遗产的诉求被赋予了更大的公益性，从而为文化遗产公益诉讼提供了理论基础。在英美法系中，普通法关于私权的设置是建立在传统的绝对所有权理论之上的，通过所有权归属来对物进行设定，防止其他人的干扰。而这种传统的绝对所有权理论，仅仅将个人的自治置于高位，而无视其他利益相关者。在公共信托理论的支持下，文化遗产保护这一公共事业对"私"权利主体的关系形成强大制约。因公共利益成为优位价值，让"私"权的优势无法发挥。

其三，公共信托理论为文化遗产的代际分配找到了一个解决方法，也为代位权利的实现奠定了基础。传统文化遗产的保护问题会导致不同的利益冲突。这一矛盾可以产生于当代不同利益团体之间，也可以产生于下一代不同利益团体之间。在公共信托理论的支持下，明确了当代人与后代人之间的权利、义务

---

① 吕忠梅，陈虹. 经济学原论 [M] 北京：法律出版社，2008. 214.

关系，并确定了后代作为不同于当代人的利益主体所享有的同等权利。我们认为，应该保障文化遗产的代际权利，必须将子孙后代的不确定性考虑进去。因此，在保护文化遗产的过程中，主体不仅包括当代特定利益相关方，也包括子孙后代。

第三节 公众参与文化遗产保护的法理基础

公众参与文化遗产保护的法理基础，既是文化遗产保护公众运动的产物，也是公众参与文化遗产保护的内在逻辑。为了使公众参与更好地发挥保护功能，并使社会各界人士都能充分地参与到保护中来，必须从多个方面出发为公众参与到文化遗产保护中提供法学理论支撑。

一、以文化遗产公共利益为目的的公众参与

文化遗产是全人类共同的财产，文化遗产保护是一项公共事务，具有公共利益的深刻内涵。公共利益到底是什么？理论界对此定义繁杂。观点一，以马克思为代表，认为首先公共利益是作为彼此有了分工的个人之间的相互依存关系存在于现实之中。[①] 观点二，以边沁为代表，认为公共利益是社会中的个人利益之和，"公共利益"的基础在于个人利益，公共利益不应独立于个人利益，不理解个人利益而谈共同体的利益便毫无意义。[②] 观点三，以德国学者阿尔弗莱德·弗得罗斯为代表，认为公共利益既不是单个人所欲求的利益的总和，也不是人类整体的利益，而是一个社会通过个人的合作而生产出来的事物价值的总和。[③] 观点四，以美国法学家博登海默和日本法学家宫泽俊义为代表，他们认为公共利益意味着在分配和行使个人权利时绝不可以超越的外部界限。[④⑤]

[①] 中共中央宣传部理论局，马克思主义理论研究和建设工程办公室. 2007年马克思主义理论研究和建设工程成果选编 [M]. 北京：学习出版社，2008. 19.
[②] [英] 边沁. 道德与立法原理导论 [M]. 时殷弘译. 北京：商务印书馆，2000. 58.
[③] [美] 博登海默. 法理学：法律哲学与法律方法 [M]. 邓正来译. 北京：中国政法大学出版社，2017. 298，316.
[④] [美] 博登海默. 法理学：法律哲学与法律方法 [M]. 邓正来译. 北京：中国政法大学出版社，2017. 317.
[⑤] [日] 宫泽俊义. 日本国宪法精解 [M]. 董舆译. 北京：中国民主法制出版社，1990. 171.

我国现行《宪法》对公共利益进行了最高层级的法律规制，第十三条规定："公民的合法的私有财产不受侵犯。国家依照法律规定保护公民的私有财产权和继承权。国家为了公共利益的需要，可以依照法律规定对公民的私有财产实行征收或者征用并给予补偿。"对带有公共利益性质且保护难度较高，体现国家与民族传统文化的文化遗产而言，拥有强大公权力的国家行政机关是最为重要的保护者。自由是有边界的，当涉及公共利益时，遵从国家行政机关公权力的约束是对其他人，同时也是对自身权利的最大的尊重。文化遗产的公共利益性决定任何公民，即便是文化遗产所有者，也必须在《宪法》《文物保护法》《非物质文化遗产法》的法律规定的范围内行使其权利。

二、兼具自由、社会权与程序权属性的公众参与权

公众参与权属于宪法规定的一项基本权利，在学术界已形成普遍共识，而在一般情况下，公众参与权更多地被纳入自由和社会权之中。

首先，公众参与权具有自由权属性。我国现行《宪法》第一章第二条明确规定人民有权通过各种途径和形式，管理国家事务，管理经济和文化事业，管理社会事务。[①] 公民据此参加国家事务和社会事务的管理，并参与到文化遗产保护的决策中去。

其次，公众参与权具有社会权属性。依据权利的不同属性，将法律上的公民权利划分为政治权利、社会权利和个人权利三大类。[②] 公民社会权是指公民依法享有并能够请求国家提供与其物质和精神生活相关的服务，其产生要晚于政治权利、个人权利。[③] 这是由于公民的社会权利必须先有政府的主动行动才能得以实现，因此，公民的社会权益有别于传统的自由权利。然而，社会权和自由权是相互补充的。一是在给付行政这一时代背景下，仅仅依赖自由权中的防卫权能已经不能适应社会对国家积极给付义务的需求。公众参与权理应具有社会权的属性。二是，自由权是公民按照自己的意愿以合法的方式行使权利，而社会权是对国家履行积极给付义务的需求，而不是对国家权力的防卫和约束。具体到文化遗产保护领域中，社会权即要求国家为公民参与文化遗产保护制定一系列的政策与法律，并向公民提供与文化遗产近距离接触的机会，以确保与落实公民参与权。

---

① 《中华人民共和国宪法》第二条 中华人民共和国的一切权力属于人民。
人民行使国家权力的机关是全国人民代表大会和地方各级人民代表大会。
人民依照法律规定，通过各种途径和形式，管理国家事务，管理经济和文化事业，管理社会事务。
② 何华辉. 比较宪法学 [M]. 武汉：武汉大学出版社，1988. 206.
③ 李龙. 宪法基础理论 [M]. 武汉：武汉大学出版社，1999. 156.

最后，公众参与权是程序性权利，是文化遗产保护这一公共事务的过程中必不可少的程序性要素。例如：《宪法》第三十五条规定了公民有言论、出版、集会、结社、游行、示威的自由，这是保障公众参与程序性权利的最高层面和最直接的法律依据。①《宪法》第四十一条提供了公民批评、建议、申诉、控告、检举等权利。②《非物质文化遗产法》第十三条和第二十三条等具体规制了公众参与文化遗产保护的相关程序，包括公民参与到文化遗产保护工作的这一过程中，所涉及的文化遗产信息获得，和对国家机关文化遗产保护工作进行监管等多种权利。③ 由此，公众参与为文化遗产保护相关行政事项提供了科学性和民主性的保障。因此，国家应提供以公民参与为合法程序的法律保障和信息渠道，凡违背公众参与程序规定而作出的决定，都是对科学和民主的一种侵犯。

第四节　公众参与文化遗产保护的法律价值

法律是一种调节公众行为的规范，使公众行为在法律的轨道内运行，从而推动社会发展。但法律是人类创造出来的规范，以社会价值为基础。所以，想从根本上解决社会发展中的实际问题，第一个要考虑的不是制定法律规范，而是专门研究法律的价值目标，以此作为法律规范制定的指导原则。从法律角度看，文化遗产的保护首先需要解决的问题在于如何界定其价值目标，而价值目标定位需从法律角度对文化遗产保护的逻辑出发点进行研究。

---

① 《中华人民共和国宪法》第三十五条 中华人民共和国公民有言论、出版、集会、结社、游行、示威的自由。

② 《中华人民共和国宪法》第四十一条 中华人民共和国公民对于任何国家机关和国家工作人员，有提出批评和建议的权利；对于任何国家机关和国家工作人员的违法失职行为，有向有关国家机关提出申诉、控告或者检举的权利，但是不得捏造或者歪曲事实进行诬告陷害。对于公民的申诉、控告或者检举，有关国家机关必须查清事实，负责处理。任何人不得压制和打击报复。由于国家机关和国家工作人员侵犯公民权利而受到损失的人，有依照法律规定取得赔偿的权利。

③ 《中华人民共和国非物质文化遗产法》第十三条　文化主管部门应当全面了解非物质文化遗产有关情况，建立非物质文化遗产档案及相关数据库。除依法应当保密的外，非物质文化遗产档案及相关数据信息应当公开，便于公众查阅。
第二十三条　国务院文化主管部门应当将拟列入国家级非物质文化遗产代表性项目名录的项目予以公示，征求公众意见。公示时间不得少于二十日。

一、彰显文化遗产保护中的公平与正义

文化遗产保护理念中应当具有公平与正义观念。公平与公正始终是法的永恒价值,在文化遗产法律保护方面,公平与公正依然是衡量文化遗产法律保护工作好坏的价值标准。虽然文化遗产保护表面上看是一个单纯的社会问题,但其本质其实是一个与社会公正有关的价值观问题。文化遗产背后所代表的朝代历史文化与民族文化是丰富而多样的,任何历史时期的文化与各个民族的文化都是平等的。

"所有社会价值——自由和机会、收入和财富、自尊的基础——都要平等地分配,除非对其中的一种价值或所有价值的一种不平等分配合乎每一个人的利益"。[1] 罗尔斯认为,公平是正义的根本和中心,社会中的一切机会、人格、自由等都是公正的、平等的,因而才有整个社会的公正;自由平等原则、差别原则和机会公平原则是实现公平的根本原则。造成文化遗产保护薄弱的深层原因在于机会、分配、权利、自由等社会核心价值的供给与保障不足。因此,对文化遗产进行保护,直接目的在于使文化遗产能够继续存在和延续,而根本目的在于消除社会上的不平等,实现整个社会的公正。

此外,我们还面临着一个问题,即文化遗产保护的公平与正义相似,容易混淆,但从本质上来看,两者区别并不大。在文化遗产保护中,正义的要求大于公平,正义具有抽象的理想主义色彩,公平的存在需要实践上的技术需求,而要在文化遗产的保护中实现正义,则需要对公民的权利义务进行公平的分配。

坚持公平正义平等保护的理念,在保护自己民族与国家文化遗产的同时,也应该尊重差异,尊重其他民族与国家的文化,应当认识到正是因为文化的多样性,人类社会才能可持续发展。应当让公平正义、人与人之间的相互尊重以及对其他文化的尊重和欣赏在国家间、社区间、群体间和个人间的互动中发扬光大。并在创造、保护、延续和传承文化遗产的社区、群体和个人的所有互动中,以公开的合作、对话、协商、咨询为媒介,保证文化遗产信息公开,使公众事先知情,尊重社区或群体意愿。与此同时,坚持程序公正、过程公正和结果公正,以此来实现对文化遗产权益的分配公平。文化遗产对全人类的影响是超越地域和跨越时间的,因此,在文化遗产保护中实现公正,就需最大程度上寻求协作和交流,以解决文物被毁、非物质文化遗产无人传承等问题。

以公众参与为中心的制度层面的设计,确保了民众获得文化遗产信息渠

---

[1] [美] 约翰·罗尔斯. 正义论 [M],何怀宏等译. 北京:中国社会科学出版社,1988. 62.

/ 第一章　公众参与文化遗产保护的概念界定与法理分析 /

道，扩大公众参与的途径，确保在文物遭受侵犯时获得的权利救济。由此，公众的权利和义务得到公平的划分和保护，使不同国家、民族、社区群体的文化遗产各得其所。

二、保护文化遗产保护中的自由与秩序

自由是人类所追求的重要价值之一，无论是在哲学、政治学、社会学还是法学领域都有对自由的定义。在文化遗产保护领域，自由是人类可以从文化遗产获得文化知识、艺术感受、传承传统文化以及自发参与文化遗产保护事项的权利，而公众参与反过来保护文化遗产，同时保障了公众获取文化知识、艺术感受、传承传统文化的权利。自由也有边界，边界即禁止破坏文化遗产，禁止做出妨碍他人以及后代人从文化遗产处获得环境感受、艺术感受、传承传统文化的权利，其落脚点还是在于人类的自我实现、对人类环境权利和文化权利的保护。

一方面，文化多样性促进人类珍视自己的文化权利，有助于人类的自我实现。自由是人类经济、文化、政治生活发展的助推器，正如马克思恩格斯在《共产党宣言》中提出"每个人的自由发展是一切人的自由发展的条件"[1]。而文化多样性的意义在于保护多种文化的共存，人们所信奉的文化都有得以存留的空间，人们拥有以自力方式或者集体方式保护其族群社区相关的文化遗产，从而保障其对自身宗教、风俗、习惯等文化坚持的权利。坚持文化多样性，对文化遗产进行保护，体现或者传承某种文化的场所和技能得以保留，坚持某种文化的个人或群体的权利得以保障，尊严得以维护，文化遗产所蕴含的文化也就得以存续与发展。如果地球上只存在人类这一物种，人类也必然会迅速灭亡，如果只存在一种文化，人类的思想过于统一，发展就受到限制，人类文明也必然会有没落的一天，人类的文明都是在人们坚持文化的自由权利的前提下，使不同文化在思想共存、相互论争的过程中得以发展，在某一文化处于强势地位时，人们需要文化多样性的指导，以客观的眼光看待异文化，给予其他人自由发展其文化的权利；反之，如果不坚持文化多样性，而坚持文化一元论、文化霸权主义，其他文化会遭到毁灭性打击，文化形态越来越单一，人们对于文化的选择也就越来越少，人类的自我发展也会受到严重制约。要实现人类所追求的最大的幸福，必须承认人类社会中人与人之间存在的各种差异，文化多样性正是强调以更为超脱、不带价值判断的角度看待一切既有文化，文化

---

[1] 中共中央马克思恩格斯列宁斯大林著作编译局. 马克思恩格斯选集（第一卷）[M]. 北京：人民出版社，2012. 422.

· 23 ·

多样性的特点就在于包容性，类似于儒家所倡导的"和而不同"，给予其他文化存在的空间。只有在环境良好、文化遗产保存完好的基础上，人们才能进一步实现文化利益的自由，完成自我实现。另一方面，人的自我实现同时也能有力地促进文化多样性价值的实现。人是文化遗产保护实践活动的参与者，人通过与周边文化环境和生态环境的互动，实现自我价值；文化是"人类在生产生活中不断发展出来的一切物质与精神财富的总和"，文化的主体是人，只有人发挥了其主观能动性才会创造出某种文化，也只有发挥了主观能动性才能保留、传承和发展文化。"人类乃万物之灵"，人类对多元文化进行传承与发展的方式种类繁多，人类中的不同个体进行自我实现和保护其特有的环境与文化的方式也不同。公众以意见建议方式等政治民主方式督促文化遗产立法，通过实施公民的监督权对城市规划中不利于文化遗产保护的规划提出异议，或是通过人们日常参与公益事业对文化遗产进行保护，使得弱势文化在现代化西方文化的主导下得以存留，生态伦理价值与文化多样性价值得以实现。

　　自由也是有边界的，只有在不侵犯他人权利的前提下，实现自己的权利才是真正的自由，因此由有限度的自由可以延伸出法的秩序价值，而秩序是一种与无序相关的概念，人们抑制住自己为所欲为的做法，换得整个社会中人与人之间，自然界中人与环境、其他物种之间的和谐相处。秩序不仅存在于自然界，也存在于人类的社会活动中。没有秩序，自然与人类社会的发展就会失去一致性、连续性和确定性，最终导致人类灭亡。在文化遗产保护领域里研究秩序，应当从自然秩序、环境秩序、文化尊重和以整个社会为本位的社会秩序中考虑问题，因为文化遗产法的秩序价值内容不仅仅涉及人与人的关系，还涉及人与生态、人与环境之间的关系；而在社会秩序之内，还涉及社会的经济发展和环境保护、文物保护之间的关系，代内和代际之间的关系。公众与秩序的关系就如同鱼与水的关系，如果没有秩序，就不可能有公众参与。秩序是一种自发的力量，可以用秩序价值来指导文化遗产保护公众参与。我们将秩序作为公众参与文化遗产保护的价值目标，其基本根据在于，文化遗产保护实质上就是一个由不同主体共同作用的运作体系，在特定的规则引导下，各主体才能进行有效的交流与合作，才能形成良好的互动关系，实现公众参与文化遗产保护的法律机制的引导和创新功能。

第二章 公众参与文化遗产保护的权利主体与义务主体

在第一章,我们对文化遗产保护公众参与的概念进行界定时认为,应对公众参与文化遗产保护主体进行扩大解释,应当包括一国之内的全体公民、法人、社区、公益组织,但不包括国家机关。[1] 在法治日渐成为治国主导方式的时代背景下,文化遗产保护公众参与越来越依赖于法律制度的建构。从本质上讲,对文化遗产保护公众参与进行法学研究应当将权利主体和与之对应的义务主体进行区分,享受权利的一方称为权利主体,承担义务的一方称为义务主体。在大多数情况下,当事人双方既享受权利,又承担义务。然而,我们应当注意的是公众参与的权利主体这一术语概念导致了必然不能将行政机关当成公众参与文化遗产保护的权利主体,只能将行政机关认定为义务主体。文化遗产保护相关的社会关系,利益交杂、主体众多。因此,对文化遗产保护公众参与权利主体与义务主体进行明晰十分必要。

第一节 公众参与文化遗产保护相关主体评析

公众参与是指计划或工程项目的实施方与被其影响的民众的互动,旨在使公众能够表达自己的观点和建议,从而实现规划或工程的合理性目标,并降低对因文化遗产保护工作产生的负面影响的一项举措。[2] 在我国现有的立法中,

---

[1] 本著作前文"对'文化遗产保护公众参与'下个最终的定义,即在一定社会条件下,公民个人或者组织通过合法方式,主动参与任何与文化遗产保护相关的政府决策和具体行动。主体应当包括与一国之内的全体公民、法人、社区、公益组织,但不包括国家机关。

[2] 王乐夫. 公共关系学概论 [M]. 北京:高等教育出版社,1994. 81.

并没有明确的关于文化遗产的公众参与相关内容，①所以，我们可以借鉴其他领域有关的法规和原则，来讨论文化遗产保护中的公众参与。但是，仅仅明确文化遗产保护公众参与原则是不够的，因为并非所有公众都会自发地参与到文化遗产保护中来。所以，公共参与的核心问题就是如何定义和界定公众。

"公众"在英文"Public"中的含义是"大众""群众"；《现代汉语词典》中的"公众"是指"社会上多数人"。普遍意义上讲，在社会学领域和法治领域，均存在"公众"这一概念。"公众参与"的参与主体，在不同的研究领域，表达不同的语境时，会彰显不同的分类和概念。在社会学的研究领域中，"公众"是"所有人都是因为共同的问题而结成的，他们有共同的兴趣，并且对一个具体的机构的工作产生了影响。"②"公众"这个词在法律上内涵和社会学中的"公众"是完全不同的。一般意义上的文化遗产保护中的公众，是指除了负有文化遗产保护职权的行政机关、文物保护机构以外的学者专家、本地居民以及其他利益相关者。它的概念也应该包括在执行这项文化遗产保护计划的过程中可能会涉及的人，如与项目决策过程有利害关系的个人和团体，以及提出文化遗产保护建议和观点的个人和团体。

在我国现行的各类法律法规规章和其他规范性文件中，对"公众"一词仅仅是简单提及，并未从概念或意义上深刻定义"公众"一词。"公众"一词在相关法律中的涵义分为两种：狭义上的"公众"与企业法人、社会公益组织、专家并列，并不涵盖单位、专家；广义的"公众"涵盖了企业法人、社会公益组织、专家、项目周边单位和居民、不特定的公民个人。然而，"公众"最广泛的意义指的是所有的单位和个人。具体来说，有以下几种情况需要辨析：

一、公民抑或全人类？

在将公众参与运用于法律保护等法律范畴时，必须将公民和人民的观念区别开来。公民是一种有政治含义的法定概念，一般是指拥有国家公民身份，按照国家宪法和法律，享有权利和义务，并受到法律保护的自然人。很明显，这并不包含外籍人士和无国界人士。而人民不必是一个国家的国民，其他国家的居民也可以包括在内。把保护文化遗产的权利限定在一国之内的公民身上，这一规定的范围明显很窄，不仅限制和剥夺了在中国居住或工作的外国人和无国

---

① 《文物保护法》《非物质文化遗产法》作为广义的行政法，只能通过设置国家机关的文化遗产保护事业的权力与责任，间接性地对公众参与文化遗产保护进行规制。
② 杨颉慧. 社会公众参与文化遗产保护的困境及路径 [J]. 殷都学刊，2014，35（3）：116-118.

界人士的文化遗产的保护权利，而且对保护文化遗产也是不利的。

为此，我们应当注意一个问题：外国人和无国籍人士参与文化遗产保护也是有限度的。虽然人们对于所有物的流转有着迫切的需求，很多外国人对于中国文化十分喜爱，但是依照我国现行法律法规的规定，禁止将不可移动文物抵押、转让给外国人。为何不可移动文物的所有权人有流转的迫切需求？皆因我国现行《文物保护法》规定私人所有不可移动文物的修缮费用是由所有权人出资，且任何修缮均涉及繁杂的行政批准程序。这对于不可移动文物的所有权人或者使用权人而言，文物保养与修缮是一个沉重的负担。虽然学界出现一些将我国现行的《文物保护法》有关禁止不可移动文物流转给外国人这一条款予以废除的声音，但本书主张予以保留。因为文化遗产是一个国家或者民族祖先留给后代的珍贵的宝物，文化遗产是有国家和民族属性的，如果文物流失海外，这对一个国家或者民族情感是一种严重的伤害。文物修缮的资金问题，可以通过政府支持、爱心募捐解决，文物修缮审批过程烦琐，亦可以寻求提高行政机关工作效率的方法。文物一旦流失海外，则荡然无存，民族感情创伤无法弥补。非物质文化遗产应贴上国家或者民族知识产权的标签，外国公民、外资企业不可窃取，如韩国端午节"申遗"事件，迪奥马面裙抄袭事件都为我国文化遗产保护事业敲响警钟。因此，我们鼓励外国人和外国的法人、非法人公益组织都参与到文化遗产保护的工作之中，但绝不是以出卖本国文化遗产、伤害本民族情感为代价。然而，我国现行法律法规却没有禁止将可移动文物所有权流转给外国自然人、法人、非法人组织的规定，也出现很多国人或华裔把文物捐赠给外国博物馆的事件。对此，我国也采取了防范措施，如我国在刑法中规定了倒卖文物罪、走私文物罪等罪名，并且我国是联合国教科文组织1970年《关于禁止和防止非法进出口文化财产和非法转让其所有权的方法的公约》的缔约国，和很多国家签署多份防止盗窃、盗掘和非法进出境文化财产的协定协议和谅解备忘录，有效阻止了我国文物非法流入其他国家。

因此，在文化遗产保护公众参与的主体中不应只包括一国的公民，应当扩大为全世界人民。但必须注意设定无国籍人士、他国公民、法人和非法人组织参与我国文化遗产保护的方式与限度。

二、社区

社区一词最早出现在西方国家，《韦氏词典》把社区"community"定义为"不同个人（或种族）相互作用的一个群体"，"community"也可翻译为公社、团体、社会、公众，以及共同体、共同性，他们"由共同兴趣连在一起"或者靠"对一些共同特性的意识"连接起来。而中文"社区"一词是我国社会学领域的学者在20世纪30年代自英文意译而来，因与区域相联系，所以社区有地域的含义，意在强调这种社会群体生活是建立在一定地理区域之内。特定社区中的人们通常会在一个共同的地理位置，但处在同一个地理位置并非构成一个社区的必要条件。除了同一个地域位置外，共同的纽带以及社会交往也被认为是构成社区必不可少的共同要素。因此，可以从地理区域、经济生活、社会交往和社会心理要素（即共同的文化与价值观）的结合上来把握社区这一概念，即把社区视为生活在同一地理区域内、具有共同意识和共同利益的社会群体。当然也存在人与人之间地理位置相隔较远，但是也成为一个社区的情况，如在"医疗社区"这类社区中的个人，也许在地理分布上很分散；"西班牙斋社区"可能由一个特定地理区域的亚群体组成；这类社区会由"具有一种共同特征却生活在一个不具有这一特征的更大社区里的一群人"组成。①

社区在文化遗产留存与保护方面发挥着举足轻重的作用，文化遗产属于人类智慧的结晶，而文化遗产的传承与保护需要社区组织与个人的共同努力。国际组织以公约的方式对社区的作用予以确认。在联合国教科文组织2003年10月通过了国际文件《保护非物质文化遗产公约》，该公约共四十条规定，"社区"一词出现了九次之多，在第一条就规定了公约宗旨，要求世界各国政府尊重有关社区、群体和个人的文化遗产，并对非物质文化遗产共同开展国际合作及提供国际援助。该公约在给非物质文化遗产下的定义也直接明确了非物质文化遗产是来自某一文化社区的全部创作，这些创作以传统为根据，由某一群体或一些个体所表达，在非物质文化遗产的生产、保护、延续和再创造方面发挥着重要作用，从而为丰富文化多样性和人类的创造性作出贡献。公约第十五条规定了社区、群体和个人的参与，要求缔约国在开展保护非物质文化遗产活动时，应努力确保创造、延续和传承这种遗产的社区、群体，从而保障个人最大限度地参与，并吸收个人积极地参与有关管理。根据《非物质文化遗产保护公约》及现有保护人权和原住民权利的国际准则性文件的精神，联合国教科文组织于2016年制定了《保护非物质文化遗产伦理原则》，其中第二条规定："社区、群体和有关个人为确保非物质文化遗产存续力而继续进行必要实践、表示、表达、知识和技能的权利应予以承认和尊重。"第十条规定："社区、群体和个人在确定对其非物质文化遗产构成威胁，包括对非物质文化遗产的去语境化、商品化及歪曲，并决定怎样防止和减缓这样的威胁时应发挥重要作用。"然而，在现实情况下，由于各国政府权力在社会管理领域趋于统领地位，严重压缩了社区在文化遗产保护与传承上的影响力，导致近些年来社区并

---

① ［美］罗伯特·迪尔茨. 集体智慧［M］, 伍立恒译. 广州：广东旅游出版社. 2019. 187.

未发挥其在文化传承方面应有的作用。

在我国，民族区域自治和群众基层自治撑起了文化遗产保护的基本面。我国民族分布以大杂居、小聚居为主。长期的经济文化联系，形成了各民族只适宜于合作互助，而不适宜于分离的民族关系。在国家统一领导下，实行民族区域自治，即各少数民族聚居的地方实行区域自治，设立自治机关，行使自治权的制度。赋予少数民族的民族立法权和文化、语言文字自主权，民族自治地方的人民代表大会有权依照当地的政治、经济和文化的特点，制定自治条例和单行条例。我国少数民族赖以生存的环境生态和在这种环境中产生的具有独特性的文化遗产，具有极其重要的文化和生态意义。各民族自治区、自治州、自治县及民族乡都科学地利用这些文化和自然资源，使其服务于当地经济和社会的可持续发展，增进各民族之间、社区居民之间及其与外来者之间的和睦，具有深远的政治和经济意义。①

城市和乡村社区由群众自治，人民群众对各自所在社区进行管理，城市里有居民委员会，乡村里有村民委员会。这是我国《宪法》以国家最高效力层级的方式予以确认的，我国现行《宪法》第一百一十一条规定："城市和农村按居民居住地区设立的居民委员会或者村民委员会是基层群众性自治组织。居民委员会、村民委员会的主任、副主任和委员由居民选举。居民委员会、村民委员会同基层政权的相互关系由法律规定。居民委员会、村民委员会设人民调解、治安保卫、公共卫生等委员会，办理本居住地区的公共事务和公益事业，调解民间纠纷，协助维护社会治安，并且向人民政府反映群众的意见、要求和提出建议。"

三、企业法人、营利性非法人组织

我国文化遗产保护相关法律法规多次出现"单位"一词，如《中华人民共和国文物保护法》第十二条规定"有下列事迹的单位或者个人，由国家给予精神鼓励或者物质奖励……"，将自然人与有关单位并列。然而，单位的概念并没有被法律清晰地界定，虽然刑法上有"单位犯罪"一章，我国现行《刑法》第三十条规定："公司、企业、事业单位、机关、团体实施的危害社会的行为，法律规定为单位犯罪的，应当负刑事责任。"那么我们可以推断"单位"指的是"公司、企业、事业单位、机关、团体"，再结合一些文献，我们可以了解到"单位"还指的是"法人和非法人社会组织"。本书认为在文化遗产保护法律法规中，经常使用单位这个称谓十分模糊，且单位包含国家机

---

① 李炳中. 茶马古道：雅安段文献索引掇英 [M]. 成都：巴蜀书社，2018. 138.

关、事业单位等具有公权力属性的组织机构，不符合对公众参与中"公众"二字的定位。因此，本书不认同"单位"在文化遗产法律法规中以公众的面目出现。根据我国现行《民法典》第三章和第四章，"公众"相关的"单位"是企业法人、社会团体、基金会、社会服务机构①、个人独资企业、合伙企业、不具有法人资格的专业服务机构。文化遗产相关"单位"的表述应当替换为企业法人、社会团体、基金会和社会服务机构（以上这些都属于法人），和个人独资企业、合伙企业、不具有法人资格的专业服务机构（以上这些属于非法人组织）。②

企业法人、个人独资企业和合伙企业等非法人组织虽以营利为目的，却是文化遗产保护公众参与的重要力量。为何企业法人和非法人组织是文化遗产保护公众参与的重要力量呢？

其一，从企业法人和非法人组织的自身角度看，企业法人和非法人组织应当作为公众参与文化遗产保护的主体。企业法人以及个人独资企业、合伙企业等非法人组织是具有社会性的组织，企业在市场经济下与社会有着千丝万缕的联系。企业的生存与发展有赖于社会的健康发展，国家为企业提供了诸如物质资源、人力资源、文化资源、优惠的投资条件、安全的保障等良好的社会环境，文化遗产相关工作也可以成为相关文化产业内企业运营的部分目标。

其二，从经济与产业角度看，企业法人和非法人组织应当作为公众参与文化遗产保护的主体。文旅产业作为新兴产业，有着巨大的经济效益，文化遗产

---

① 社会服务机构指由国家、社会团体或个人举办的，通过社会福利从业人员，为特定的、有需要的服务对象提供专业服务的非营利组织。

② 我国现行《民法典》第五十七条 法人是具有民事权利能力和民事行为能力，依法独立享有民事权利和承担民事义务的组织。

第五十九条 法人的民事权利能力和民事行为能力，从法人成立时产生，到法人终止时消灭。

第六十条 法人以其全部财产独立承担民事责任。

第七十六条 以取得利润并分配给股东等出资人为目的成立的法人，为营利法人。营利法人包括有限责任公司、股份有限公司和其他企业法人等。

第八十七条 为公益目的或者其他非营利目的成立，不向出资人、设立人或者会员分配所取得利润的法人，为非营利法人。非营利法人包括事业单位、社会团体、基金会、社会服务机构等。

第九十一条 设立社会团体法人应当依法制定法人章程。社会团体法人应当设会员大会或者会员代表大会等权力机构。社会团体法人应当设理事会等执行机构。理事长或者会长等负责人按照法人章程的规定担任法定代表人。

第九十二条 具备法人条件，为公益目的以捐助财产设立的基金会、社会服务机构等，经依法登记成立，取得捐助法人资格。依法设立的宗教活动场所，具备法人条件的，可以申请法人登记，取得捐助法人资格。法律、行政法规对宗教活动场所有规定的，依照其规定。

第一百零二条 非法人组织是不具有法人资格，但是能够依法以自己的名义从事民事活动的组织。

非法人组织包括个人独资企业、合伙企业、不具有法人资格的专业服务机构等。

保护与利用是相互促进与影响的，文化遗产保护是公益事业，而文化遗产利用就涉及文旅产业开发，文旅产业开发离不开现代文化产业体系和市场体系，通过市场来高效地配置资源，实现社会效益和经济效益的有机统一。企业作为市场活动的主体、文旅产业的操盘手，其竞争能力的强弱，不仅关系到企业自身的存在和发展，而且也关系到文化遗产保护与利用的情况，及文化遗产地的经济发展和民生状况。

其三，从现阶段文旅相关企业发展来看，企业法人和非法人组织应当作为公众参与文化遗产保护的主体，由此赋予他们更强的社会使命感。文旅企业发展有两种倾向：一种是有的文化企业片面追求利润最大化，注重文化遗产的利用，而不重视文化遗产保护，不顾及整体社会效益；另一种倾向是，一些文旅企业由于市场意识不足、缺乏市场竞争力，主要靠政府补贴或承担政府项目为生，以"社会效益"为借口，不研究市场和消费者，美其名曰生产"艺术品"和"文艺精品"，却生产出一些无人问津、收入仓库的"文化次品"。党的二十大报告中提出要"深化文化体制改革，完善文化经济政策"。可以说，文化体制改革的任务还很艰巨，对产业体系和市场体系还需要全新的认识和准确的把握，让市场在资源配置中起决定性作用，同时还要勇于迈过沟坎、跨越藩篱。且，文化产业相关的企业法人、个人独资企业、合伙企业在利用文化遗产创造利润、对股东和员工承担法律责任的同时，还要承担对消费者、社区和文化遗产保护的社会责任，强调对文化遗产保护与利用、环境保护等社会贡献。因此，将文旅企业作为公众参与文化遗产保护的主体，对增强其社会使命感多有裨益。

四、非营利组织

我国有很多民间的文化遗产保护机构以保护文物为宗旨，不以国家行政职权为宗旨，不以营利为目的，从事文物保护的公益事业。[①] 诸多文化遗产保护利用相关的非营利组织是政府在公共服务领域向社会放权的过程中形成的。[②] 我国以《民法典》立法形式开历史之先河，确认了非营利组织，首次把人分为营利法人和非营利法人。非营利组织是法治政府中重要的是社会组织，还权力于社会组织，让一定的社会集体实现自治。考虑到我国非营利组织发展滞后的现实，在未来的一段时间内，政府需要主动承担起非营利组织"孵化器"

---

① 朱谦. 我国环境影响评价公众参与制度完善的思考与建议 [J]. 环境保护，2015（10）：27-31.
② 迟福林. 改革红利——十八大后转型与改革的五大趋势 [M]. 北京：中国经济出版社，2013. 286.

的作用，打破制约其发展的体制瓶颈。尤其在非营利组织自治的过程中，行政机关并不是完全放手，而是把握住方向，需要行政机关给予保障。在实际操作中，非营利组织扮演着两种角色：一是直接参与，非营利组织是文化遗产保护的直接参与者，或者是代表大众的直接参与者。二是间接参与，非营利组织作为政府与公众、企业的重要中介，能够将文化遗产保护的矛盾、冲突通过向政府提意见建议的方式和平、合理地解决文化遗产保护中的问题。

非营利组织何以能成为保护与利用文化遗产的公众参与主体？其一，因为非营利本是社会领域的常态，也应该是文化遗产保护与利用工作的常态。虽然市场经济是世界的主流，其前提是"理性经济人"，强调个人私领域的经济生活。在私人经济领域之外，还应当有社会领域，这个领域可以称之为市民社会，现在很多文献里也称为公民社会，公民社会的兴起与全球结社革命和非营利组织的迅猛发展有关，在公民社会的管理事务中，应当将理性经济人的假设回归到具体的社会人的假设，每个人的行为模式可能不仅仅是衡量个人利益的得失，而是将格局放大到社会整体效益上。非营利组织属于社会人的集合，理应成为文化遗产保护与利用的公众参与主体。其二，政府管理工作量过大，需要非营利组织参与到社会公共管理。作为大量公共服务的提供者，政府面临着公共服务激增和国家治理能力下降等问题。这就需要除了国家以外的其他代表公共利益的主体参与到公共事务的治理中，那么非营利组织就可以进行补位。其三，非营利组织发挥的作用日渐突出。尤其在面临全球性的环境问题、文物走私贩运、文化遗产保护问题方面，第三世界国家在国际纷争中面临话语权缺失的问题，则非营利组织能够跨越国界呼吁推动国际问题的解决。非营利组织近年来有一种政治化和权力化的倾向，世界遗产观察组织 WHW 于 2022 年 11 月 5 日发布 2022 年度《世界遗产观察报告》，强调了："多年来，社会团体和学界反对世界遗产大会的政治化。一些委员国的决定并非以事实为基础，而越来越多地考虑政治因素。在这一点上，社会团体作为许多世界遗产地保护的关键力量，其作用达到了一个新高度，并将发挥更大的作用。"[①] 且互联网信息技术为非营利组织的发展提供了技术保障，能够短时间内使非营利组织成员聚集，并且能够很准确快速地对相关信息进行公开。

五、专家

专家应当作为文化遗产保护与利用的公众参与者。虽然有学者提出"当

---

① 世界遗产观察组织. World Heritage Watch Report 2022 [EB/OL]. 世界遗产观察组织官网. 2022-11-05/2022-11-05.

专家和学者被邀请参与有关保护文化遗产的文件制定工作时,他们就不再是公众的一部分。"但我们应当清楚地认识到专家并没有制定文件的权力,不过能以"专业知识"为基础对政府出台社会管理政策与制定法律提出建议。与普通大众不同,专家以中立性的姿态参与到文物保护的决策中,利用专业的知识和技术,充当顾问的角色。[①]"专家参与"的概念与普通的监督决策不同,他是独立于规划、审批、审核等机构的第三方,可以在一定程度上实现独立决策和民主监督。这些人往往从职业的角度来思考,他们只会考虑科学的政策,而不会反映出一般公众对文化遗产保护的看法。在执行文化遗产保护计划时,若因特定原因而造成严重负面后果,应对相关人员进行问责,这种情况会使得个别专家在面对利益压力下,做出不客观、不独立的行为,从而难以追究其责任。在文化遗产保护和环境保护实践中,"专家咨询"的形式较为常见。

六、利害关系人

根据西方的利益相关者理论,文化遗产保护涉及直接利益相关者(文化遗产所有权人、社区居民、文化遗产地产业企业等)和间接利益相关者(潜在的游客),各种利益错综复杂。利害关系人是指以文化遗产保护与利用是否会使公民个人权益"受影响"为指标,从而成为公众参与的主体。通常那些利益和文化遗产保护与利用相关的民众参与的积极性会很高,有些利益相关者甚至会变成文化遗产保护与利用的"敌对者""挑战者""绊脚石"。一些学者认为,"公众参与"中存在着公民财产私人利益与文化遗产保护公共利益的二元对立的情况。主要原因在于考虑到文化遗产保护规划许可或建设项目许可等决定一旦作出,将导致行政机关与利益相关者之间产生矛盾。

(一)对文化遗产保护利益的解读

文化遗产保护利益针对的是人的利益而非指文化遗产自身的利益。文化遗产保护利益可以满足人的精神文化的需要。文化遗产利益即文化遗产可以带给人的满足感。文化遗产保护利益具备三个构成要素:对象的有用性、主体的收益性和利益的时代性。[②]

文化遗产保护利益体现了人们对于文化遗产保护的某种需求的满足,但是

[①] 唐明良. 环评行政程序的法理与技术——风险社会中决策理性的形成过程 [M]. 北京:社会科学文献出版社,2012. 189.

[②] 徐以祥. 公众参与权利的二元性区分——以环境行政公众参与法律规范为分析对象 [J]. 中南大学学报(社会科学版),2018(2):64.

每个个体都存在差异，其利益需求也是有差别的，个体和集体间常产生冲突，且文化遗产保护利益涉及物质利益和精神利益。在文化遗产保护相关领域的研究中，不同主体的权利义务也不尽相同，应当注意以环境利益为标准而产生的主体间的诉求的区别。

（二）利害关系人

最早在管理学领域中，就有人提出了"利害关系人"这一概念。弗里德曼认为，利害关系人是"能够影响一个组织目标的实现，或者受到一个组织实现其目标过程影响的所有个体和群体相关者"①。在法律规定方面，利害关系人是因公共事务、行政事务受到影响的公众。因此，文化遗产保护与利用相关公共事务的利害关系人范围有狭义和广义之分：狭义的利害关系人是文化遗产保护区域周边的居民、社区和相关社会组织；广义的利害关系人是将那些间接影响到文化遗产保护或者对文化遗产保护感兴趣的游客和团体归入其中，也就是那些不属于该文化遗产项目或该项目直接影响范围内的文化遗产保护群体。对广义利害关系人进行考量时，必须兼顾游客观光人与地方居民的关系，如何实现当地居民与外来游客的良性互动。那么，出现了一个更为深层的问题：文化遗产城市的空间作为一种"稀缺资源"如何分配其使用权。由此，又归结到某一历史文化名城是"谁的城市"或某一文化遗产是"谁的遗产"的问题上。与之息息相关的往往是"沉默的大多数"的利益相关者，让这些沉默的利益相关者通过合适的途径发声是非常重要的。例如，西班牙的巴塞罗那将游客视为"临时公民"，践行"负责任的旅游"；同时政府通过若干规范旅游业的措施，改善居民与游客之间关系，这对我国而言具有很好的借鉴意义。因此，遗产地管理要在参观者的正向体验和居民收入之间达成双赢。②

（三）利益关系人

利益关系实质上是一种权衡关系，判断标准是文化遗产保护与利用对其他第三者的利益是否产生影响。③ 这里的利益包括各种经济利益、生态利益、社

---

① 王夏慧. 利益关系人理论视角下的研究生选拔方式探析 [J]. 领导科学论坛, 2017 (03)：53-54, 60.

② 科特·鲁格 Kurt Luger，马蒂亚斯·里普 Matthias Ripp. 遗产管理——致力于保护和便利、理论和实践考虑 Heritage Management-Committing to Preservation and Facilitation, Theoretical and Practical Consideration [A]. 世界遗产、地点规划和可持续旅游——遗产管理的综合方法 World Heritage, Place Makingand Sustainable TourismTowards Integrative Approachesin Heritage Management [C]. 因斯布鲁克 Innsbruck：因斯布鲁克大学出版社 Innsbruck University Press, 2020. 16-30.

③ 肖峰. 我国公共治理视野下"公众"的法律定位评析 [J]. 中国行政管理, 2016 (10)：70.

会文化利益以及通过非正当手段获得的利益。人的天性就是趋利避害，他们的行动都是以自我利益为目的，所以在文化遗产保护问题上，个人也会对自身的利益进行衡量。一些人对传统文化遗产知之甚少，认为目前的文化遗产问题不会对他们的生活产生任何影响，也不会对自身造成任何的利益的损害，因此他们也不会积极主动地去维护这些传统的文化遗产。一些人只有在涉及自己利益时，才会参与到文化遗产的保护之中。由于其自身的利益受损，以及对文化遗产保护缺乏责任感，使其对文化遗产事项产生了一种负面的、被动的态度。

人都是理性的，在理性人的假设理论中，人类在采取行动前会对行动的结果进行评价，也就是所要付出的代价以及最终能否获得期望的回报。成本和效益会直接影响到大众参与文化遗产保护的意愿。在文化遗产保护中，公众参与的成本主要包括：直接的经济成本和间接的时间、情感和精力成本。行为成本与习惯、经验有关。如果在某一地方公众普遍形成了保护文化遗产的习惯，那么该地方的文化遗产保护的成本就会低于公众没有形成此种习惯的其他地方。[1] 参与过文化遗产保护实践、文化遗产宣传等活动的个人，很有可能会再次参与类似的文化遗产保护活动。同样，在面临文化遗产保护问题时，曾经参与过文化遗产保护的团体，其行为代价要低于第一次参加的团体。[2] 预期效益是指在从事文化遗产保护活动后，公众期望获得的利益。当民众期望获得更高的利益时，就会更积极地参与文化遗产的保护，这就是一个良性的循环。

还有一种广义的说法，即应当将后人看作利益关系人。因为文化遗产在维系当下与过去，乃至未来的关联上发挥了重要作用。文化遗产得以保存的一个重要过程，即在社会中不断地重塑和再造的过程。人类杰出的创造力在历史上创造出了时至今日价值仍不可磨灭的文化遗产，也正是今人的创造力在保护着这些遗产，将它们传给后人。因此，后人也是利益关系人。

在文化遗产保护与利用事务中，行政机关属于利益关系人吗？本书认为不属于，行政机关拥有对文化遗产的行政权力，代表国家意志，这使得其与一般的社会公众的私人利益或者集体利益有着本质的不同。因此，在对文化遗产行使职权过程中的政府部门或相关主管部门不应属于公众的范围。

---

[1] 张小航，贺慨，徐磊. 论公共体育服务中的公众参与机制 [J]. 体育文化导刊，2017（01）：13-15+56.

[2] 代凯. 公众参与政府绩效管理：困境与出路 [J]. 中共天津市委党校学报，2017（02）：90-95.

第二节　公众参与文化遗产保护法律关系中权利主体的权利来源

古罗马法学家为"法"赋予了"正当"的意味，随后便产生了"权利"的意涵。① 而权利主体是权利研究中的重要课题。从字面来看，"公众参与"主体显然就是公众，而我国现行法律体系对于公众的界定十分模糊，故下文将对公众参与的权利主体进行分析和界定。只有科学定位公众，保证公众的利益相关性、代表性和全面性，才能更好地发挥公众参与的机能，才能更深入细致地维护公众的文化遗产保护权利，实现文化遗产保护的深刻内涵。本书将针对不同主体在文化遗产保护公众参与中的权利来源进行分类介绍。

一、公众参与文化遗产保护的权利来源

（一）文化遗产相关公民权利的基本内涵和法律依据

文化遗产相关的公民权利是指公民在文化遗产保护、利用、管理等方面所享有的一系列权利。这些权利既包括公民参与文化遗产保护的权利，也包括公民享受文化遗产带来的精神文化福利的权利。

1. 文化遗产相关公民权的基本内涵

文化遗产相关公民权并不是单一的权利，而是一组权利束，包括个人、组织及国家等权利主体对文化遗产的享用、传承及发展的权利的集合。② 这些权利既包括人身权、财产权等私权利，也包括政治权、社会权、文化权等公权利。文化遗产公民权的具体表现为四点，分别为：对文化遗产的接触、欣赏；对文化遗产占有、使用以及有限的处分；对文化遗产的学习、研究、传播；对文化遗产的演绎、创新、改造等。

2. 文化遗产相关公民权利的法律依据

我国现行《宪法》第二十二条通过规定国家责任的方式明确国家开展文化事业、保护文化遗产的职能，也间接性地规定了公民享有参观、游览、接触、欣赏、利用和传播文化遗产的自由和权利。同时在第四十七条明确规定公民有进行教育、科研、文化、艺术活动的自由。

---

① 北京大学法学院. 北大法学初阶（贰）[M]. 北京：法律出版社，2021. 18.
② 王云霞. 论文化遗产权 [J]. 中国人民大学学报，2011，25（02）：20-27.

/ 第二章　公众参与文化遗产保护的权利主体与义务主体 /

《文物保护法》在第二章不可移动文物中规定了不可移动文物的修缮、保养、使用、转让、抵押、改变用途的相关公民权利，在第五章可移动文物中确认公民可以通过合法继承、购买、转让等方式获得可移动文物。在《非物质文化遗产法》中总则部分第九条和第十条规定了国家鼓励、支持公民、法人和其他组织参与非物质文化遗产保护工作，并对在非物质文化遗产保护工作中作出显著贡献的组织和个人，按照国家有关规定予以表彰、奖励。并在第四章非物质文化遗产的传承与传播部分第二十九条规定国务院文化主管部门和省、自治区、直辖市人民政府文化主管部门对本级人民政府批准公布的非物质文化遗产代表性项目，可以认定代表性传承人。除在以上的法律层面有原则性的规定外，国务院、国务院相关部委、地方人大、地方人民政府也都出台相应法规规章，对文化遗产相关权利主体的条件认定、权利与义务、法律责任进行规制，由此，我国确立了相对完整的文化遗产相关公民权利法律规制体系。

（二）公民文化权

公民文化权是指公民在文化领域所享有的一系列权利，包括参与文化创作、享受文化成果、参与文化事务等方面的权利。公民文化权是公民基本权利的重要组成部分，也是维护公民精神生活需求和促进文化发展的重要保障。

1. 公民文化权的基本内涵

根据法律规定，权利拥有者可以自由意志，通过提出要求、发表声明或者实施强制措施等手段，要求他人承担某项义务或责任。[①] 从其表现方式来看，这是一种权能或资格；从内容上看，权利是一种自由与利益的体现，是一种客观的利益存在。

作为公民基本权利的公民文化权，指公民在文化活动中自由传播、生产、创造、消费、欣赏和享受文化产品的权利。就其内在属性而言，公民文化权利属于一种普遍存在于国内国际社会中，以满足人类基本需求为目的的基本权利，属于一种权能或资格，不可侵犯。公民有权在国内和国际社会中参与、促进和享受社会文化生活，该权利的实现是动态的、长期的、渐进的。[②]

2. 公民文化权的主体与客体

文化权利的主体是公民个人，抑或自然人。公民有两层含义：一是自然的，二是法律的。自然属性是指以公民个体为基础，以自然的生理学法则来表

---

① [英] R. J. 文森特. 人权与国际关系 [M], 凌迪，黄列译. 北京：知识出版社，1998. 4.
② 潘皞宇. 论公民文化权的保护——以权能范畴为视角 [J]. 江汉论坛，2015（01）：129-132.

现公民的诞生与生存。法律属性从法律的视角来审视公民参与社会活动，享受权利，并承担相应的责任。

公民文化权指向的客体是一种权益。从狭义上讲，"权利需要保护的客体都是一种利益"[1]，从广义上讲，包含文化权在内的权利客体应当是权利相关的"主张""资格""权能""利益""自由"[2]。因此，文化权利的客体是文化权所包含的文化利益。文化权益是指人类社会文化关系、产品、物质、活动形式与行为的总和，是满足人类心理文化需求的总称，是人民在文化生活中所享有的文化创造权、文化享有权、文化传播权、文化选择权等[3]。其表现形式是非常丰富的，人们的精神和文化需求愈趋丰富，文化权益的表现形式与方式也就愈趋多元化，而当人类的文化权利得到不断地满足与发展时，便会产生新的精神和文化需求，以促进其不断地再生与更新。从这个意义上来说，它反映了社会整体的需求，包括人与自然环境、人与社会、人与人之间的互动，是人与社会持续发展的一个重要标志。

3. 公众参与文化遗产保护体现了公民文化权的实质

随着社会的发展，公民文化权利越来越受到重视。文化权是公众在社会不断发展中的需求和渴望，具体体现为：一是，公民对社会文化生活的参与权。即，公民有权参与各种政府部门、企业和文化机构的文化活动，并享有文艺创作、欣赏文化艺术、欣赏文化成果的权利。二是，公众对文化权益的享有权。大众凭借文化遗产，参与各种不同的文化活动，享受文化成就。三是，公众接受文化遗产教育与培训。教育与训练是永续发展的重要推手，民众有权接受教育与训练，以丰富知识架构。总之，文化遗产保护领域的公民文化权理应受到保护和尊重，这是社会文明的基本要求。

（三）文化遗产权

近年来，随着法学界新兴权利理论研究的兴起，文化遗产权这一新兴权利被提出，最早是由莫纪宏于 2003 年在《中国社会科学》（英文版）发表了"Legal Protection for Rights to Cultural Heritage"，随后很多法学学者开始研究文化遗产权这一新的权利类型，邢鸿飞教授发表了《文化遗产权利的公益透

---

[1] [美] 路易斯·亨金. 权利的时代 [M]. 信春鹰, 吴玉章, 李林译. 北京: 知识出版社, 1997. 5.
[2] 王家福, 刘海年, 李林. 人权与21世纪 [M] 北京: 中国法制出版社, 2000. 37.
[3] 李庆霞. 社会转型期文化权益的实现途径和保障机制 [J]. 思想政治教育研究, 2009, 25 (05): 46-49+56.

视》，王云霞教授发表了《论文化遗产权》等，均对文化遗产权进行了详细的论述。①

文化遗产权法律属性相对复杂。首先，文化遗产兼具公益性与私益性。文化遗产属于公共利益所指向的范畴，具体原因如下：一是，文化遗产具有社会共享性、开放性。从所有权角度讲，文化遗产可能属于国家的文化遗产，还可能是某个组织或者个人的财产。从文化遗产凝结了无差别的人类智慧的角度讲，文化遗产属于全人类的共同财产。私人文化遗产所有者可以对文化遗产占有、使用和依法经营，但不能对文化遗产进行垄断。二是，文化遗产具有优先保障性。文化遗产具有不可再生性，故其他利益与文化遗产冲突时，应当优先保护文化遗产。三是，从文化遗产的保护和管理方面讲，文化遗产属于公共利益保护的范畴。从现行的国际法和国内法律规范可以看出，国际、区域、国家、组织、个人均负有保护文化遗产的责任。

其次，文化遗产具有私权属性。与一般物质所有权不同，文化遗产作为私权受到一定限制。一般所有权包括占有权、使用权、收益权和处分权。然而，因文化遗产的公益属性，其所有者不能随意处分文化遗产。就此而言，文化遗产权并非绝对的所有权。例如，北京有很多可以居住的古民居，住户享有古民居的所有权或者所有权中的使用权，但是对古民居的保护和管理则由政府负责，住户不能随意处分。

最后，文化遗产权除了兼具公共属性以及私权属性外，还兼具文化权和环境权的部分属性，是个人权利与集体权的统一体。一言以蔽之，文化遗产权属于一项兼具经济性、物质性、文化性等多重价值取向的权利。

二、普通公民

一个国家中的公民必须履行法律所规定的义务，同时享有法律所规定的权利。《中华人民共和国宪法》第三十三条规定："凡具有中华人民共和国国籍的人都是中华人民共和国公民。中华人民共和国公民在法律面前一律平等。""任何公民享有宪法和法律规定的权利，同时必须履行宪法和法律规定的义务。"公民只要不敌视和破坏我国的社会主义制度，拥护社会主义宪法和法律，就属于人民的范畴，可以依法参与国家和社会管理活动。

---

① 莫纪宏. Legal Protection for Rights to Cultural Heritage [J]. Social Sciences in China, 2003 (03)：138-144.

王云霞. 论文化遗产权 [J]. 中国人民大学学报, 2011 (02)：20-27.

邢鸿飞, 杨婧. 文化遗产权利的公益透视 [J]. 河北法学, 2005 (04)：71-74.

文化遗产保护相关利益主体众多，生活在文化遗产保护区内的居民是与文化遗产保护最密切相关的人群，是文化遗产保护中的中坚力量，其对居住环境内的文化遗产熟悉程度优于他人，对文化遗产保护拥有更多的便利条件。广泛的志愿者群体因其热爱文化遗产，对文化遗产保护具有极高的热情，也在文化遗产保护中发挥巨大作用。

公民在文化遗产保护中的权利主要有以下几点：

（一）知情权

知情权是公民获取信息并知悉信息的权利和自由。公民享有了解和知悉国家重要决策、重要事务的权利，对文化遗产保护相关领域事项享有知情权，公众有权依法获得文化遗产保护相关信息。如公众对文化遗产保护的法律法规、政策、保护现状、保护规划、保护措施、管理情况、经营情况、历史档案、产权归属等方面知悉的权利。享有权利最直接的方式是行使该权利。行使知情权，包括要求政府披露相关信息的范围、严格信息披露的程序等。因此，公民行使知情权更多的是要求政府对公共领域相关事项进行披露。知情权是实施监督的基础和先决条件，而知情权又是以信息披露为基础的。加强信息公开的标准化，减少公众获取信息的费用，是政府的职责。只有公民的知情权得到保障，公民的参与权、监督权、公益诉讼权等合法权益才能真正得到保障和实现。

与公民知情权的享有和行使相对应的是政府信息公开。政府信息公开是指国家行政机关和法律法规以及规章授权委托的组织，在行使国家行政管理职权的过程中，通过法定形式和程序，主动将政府信息向社会公众或依申请而向特定的个人或组织公开的制度。我国针对文化遗产领域政府信息公开进行的法律规制较为完善。在宪法层面，我国现行《宪法》虽然对知情权没有明确规定，但是从第二条和第二十七条的规定可以看出，知情权是公民的一项基本权利，政府信息公开是政府的一项基本义务。在法律层面，《行政许可法》第三十条规定："行政机关应当将法律、法规、规章规定的有关行政许可的事项、依据、条件、数量、程序、期限以及需要提交的全部材料的目录和申请书示范文本等在办公场所公示。申请人要求行政机关对公示内容予以说明、解释的，行政机关应当说明、解释，提供准确、可靠的信息。"在行政法规层面，《政府信息公开条例》规定了政府信息公开的方式和程序，即信息传播途径。在部门规章层面，《国家文物局关于进一步发挥文化遗产保护志愿者作用的意见》要求各省、自治区、直辖市文物局（文化厅、文管会）要"积极、及时地向志愿者通报信息，使广大志愿者充分了解文化遗产保护工作的成就以及面临的困难"。

政府是权威信息的掌握者和发布者,其公布消息的多少、真伪直接影响公众的判断。为了减少信息交流的成本,政府与民众必须进行有效的沟通和信息传递。[①] 行政机关,有搜集必需资料和披露特定资料的权力。在文化遗产保护中,政府有义务为保护文物提供充分、全面的资料,从而有利于公众正确、全面地了解和理解文化遗产保护的目的、价值和意义,从而有利于公众了解文化遗产保护面临的困难,有利于公众作出正确的判断,化解公众利益和个人利益之间的矛盾,增进政府和公众之间的信任,促进公众的深入参与。志愿者们也能够通过政府信息公开充分认识到党和国家对文化遗产志愿服务的关心和大力支持,文化遗产志愿服务领域取得的成就、进步以及面临的阻力、挑战、工作重点和任务。只有让公众完全享受到知情权,才能更好地理解和监督文化遗产的保护决策和措施,才能更好地参与和监督,才能真正地激发民众对文物的保护热情。只有公众的知情权得到充分保障,公众参与才有实质意义。如果没有相关信息来源,公众参与就无从谈起,即使参与,也只能属于盲目参与。

政府信息公开能够促进社会公众参与,而公众参与则能够促进政府信息公开的广度和深度。在一个信息不对称的社会中,信息公开的程度和获取信息的途径直接影响公众参与的兴趣与能力,不存在真正的民主。[②] 客观、充分地公开政府信息,既能使公民更好地监督、客观地评价政府的行政行为和行政过程,又能解决社会与民众之间的矛盾,促进政府与民众的对话。

确保公众可以正确行使权利,首先就要保障公众的知情权,公众正确行使知情权也是公众有序、正确参与文化遗产保护的基础。政府应主动公开文化遗产保护的有关信息,有义务保障决策的公开性、开放性、透明性,政府面对公众的监督要自觉接受,公众也有权接收和获得这些信息。在文化遗产保护工作中,政府可以通过报纸、电视台、广播、网络、手机、微博等多种途径公布相关信息。因此,如何有效运用这些渠道,实现其功能最大化,至关重要。其中,网络、报纸、广播、移动电话等是政府主动宣传、信息公开的最好手段,它不仅具有信息公开的功能,还具有舆论引导等功能。

(二) 参与权

参与权指依法行使公民参与国家公共事务的权利。参与权的行使,主要体

---

① 韦如梅. 城市治理中的公民参与:新加坡经验的中国借鉴 [J]. 湖北社会科学, 2014 (08): 51-54.

② 陈东, 刘细发. 社会管理的公众参与机制及其路径优化 [J]. 湖南社会科学, 2014 (03): 6-8.

现在程序、形式、效果等方面。① 知情权是参与权的先决条件，而知情权的行使反过来也会对政府信息的公开起到推动作用，从而更好地落实公众知情权。② 公众参与的进程实质上是一种权利的表达，它既能表达公民的利益诉求，又能很好地控制社会矛盾的产生，并能及时有效地介入，从而发挥公共事务中公众的主体地位。公共参与是一个公民与政府互动的过程，如果缺乏公共信息的支撑，将会影响到公民参与的主动性和积极性，政府信息公开如果没有公众的有效参与，将会丧失其必要性和意义。从雪莉·阿恩斯坦的"六个梯度"的公共参与角度来看，我国现阶段的文化遗产保护公众参与是一种象征意义上的参与。③

我国从国家法律层面到地方政府法规层面都对公众参与进行直接或者间接规制，但是我国对文化遗产公众参与事项尚未进行单独立法，仅仅是在相关法律法规中零散规定。比如《中华人民共和国文物保护法》，仅仅是对部分信息的披露作出了规定，并没有涉及公众参与权、公众意见征集等方面的规定，导致公众参与的立法缺失，造成公众参与的行为往往是由上而下的、无序的参与。④ 但是在行政法规、部门规章层面也有零星关于公众参与的规定。如《历史文化名城名镇名村保护条例》第四条规定："国家鼓励企业、事业单位、社会团体和个人参与历史文化名城、名镇、名村的保护。"《世界文化遗产保护管理办法》第七条规定："国家鼓励公民、法人和其他组织参与世界文化遗产保护。"《国家文物局关于进一步发挥文化遗产保护志愿者作用的意见》要求各省、自治区、直辖市文物局（文化厅、文管会）要支持、鼓励志愿者积极参与文化遗产保护，实际上是保护了公众的参与权，对公众参与文化遗产保护有着非常强的指导意义。《文物认定管理暂行办法》明确了文物认定申请程序，促进了公众参与建筑遗产保护的热情与积极性。故宫博物院原院长单霁翔强调："《文物认定管理暂行办法》更鲜明地突出了文化遗产保护的公众参与性……有利于进一步提高文物认定和定级工作的质量，有利于推动国家保护为主、全社会共同参与的文化遗产保护新体制的建立。"《文物认定管理暂行办法》施行以来，极大地鼓励了各地公众参与保护城市文化遗产的热情，天津、北京、哈尔滨、南京、武汉等城市相继有公众提交认定申请。总之，虽然我国各层级法律法规层面不乏公众参与的相关规定，但缺乏一个专门的文化遗产保

---

① 向德平，王志丹. 城市社区管理中的公众参与 [J]. 学习与探索，2012（02）：37.
② 李景鹏. 论制度与机制 [J]. 天津社会科学，2010, 3（03）：49-53.
③ 郝士艳. 国外文化遗产保护的经验与启示 [J]. 昆明理工大学学报（社会科学版），2010, 11（4）：135-136.
④ 赵中枢. 历史文化名城保护的专业性和大众化 [N]. 中国建设报，2019-06-13（08）.

护公众参与专项立法。因此，必须在国家法律层面对文化遗产保护公众参与专项立法，明确公民的知情权、参与权，并构建一个畅通的权利表达机制，以实现公民参与行为的合法化和常态化。

目前，我国文化遗产公众参与的方式有很多，如文化遗产事项调查、咨询、座谈、论证、听证、工程验收等。根据参与主体的不同，可以分为个人参与、团体参与、专家参与和企业参与。① 其中，团体参与、专家参与、企业参与属于有组织的固定参与方式，而个人参与属于松散的参与方式。

社会大众的积极参与，是文化遗产保护工作赖以生存的关键所在。文化遗产的保护涉及公众利益，公众拥有权利也拥有义务参与管理、政策制定、决策等领域。例如，在文化遗产保护与开发项目的立项、规划、实施、后期的维护等领域，都应该给公众一个参与的空间和平台，鼓励公众参与，以取得公众理解和配合，促进项目顺利实施。② 在项目启动前，应邀请社会各界人士进行有关调研、联合召开专题讨论会，对项目的可行性进行论证，并选出最优的实施方案；在工程实施期间，不定期召开问题讨论会，使项目决策者、设计人员、施工人员与社会大众面对面沟通、协商，既能满足民众的利益要求，也能自觉地接受社会的监督，同时也能为文化遗产的保护做好宣传和教育；在项目的最后，由社会各界代表进行验收，使市民能够全程参与到文化遗产的保护工作中来。③ 同时，要利用网络、电视、报纸等媒介，定期举行工程进度通报，让民众可以随时了解工程进度，并通过热线、论坛等方式，及时地回答公众的问题，在项目的设计过程中，要将方案对社会各界进行解释和协调，以确保项目的顺利进行。

(三) 监督权

文化遗产保护公众监督权，是指在文化遗产保护领域中，公众在获得足够的信息和充分地参与后，对其进行批评、建议，促使其作出相应的政策调整，这是公众参与从表面参与发展到深入参与的一个重要标志。公民享有监督国家机关及其工作人员公务活动的权利。国家保障公民的参政权首先就要保障公民的监督权。民主监督是国家权力监督体系中最具活力的一种监督方式，同时也是最有效的监督方式。保障公民的监督权，有利于完善国家机关及其工作人员的工作，同时也能体现我国公民的主人翁精神，激励人民群众关心国家事务，

---

① 陈广华. 文化遗产保护离不开民众力量 [J]. 人民论坛, 2017, 26 (31): 246-247.
② 朱练平, 欧飞兵, 程树武. 国外文化遗产保护公众参与机制简介 [J]. 景德镇高专学报, 2011, 26 (3): 139-140.
③ 周岚, 崔曙平. 新常态下城市规划的新空间 [J]. 城市规划, 2016, 40 (4): 9-14.

为社会主义现代化建设贡献自己的力量。

在我国，几乎所有与文化遗产保护相关的法律法规都对政府工作部门的监督职能作了相应规定，但是要求发挥公众监督职能的规定却较少，公众监督权未在国家层面的文化遗产保护法律法规进行规制，仅在一些部门规章或者单位内部工作制度中有所体现：

《城市紫线管理办法》第十条规定："历史文化名城、历史文化街区和历史建筑保护规划一经批准，有关市、县人民政府城乡规划行政主管部门必须向社会公布，接受公众监督。"《关于加强我国世界文化遗产保护管理工作的意见》要求建立文化遗产保护定期通报制度、专家咨询制度以及公众和舆论监督机制，推进文化遗产保护工作的科学化、民主化。要广泛动员全社会关心并支持世界文化遗产保护工作，充分发挥新闻媒体和群众监督作用，把世界文化遗产工作置于全社会的监督和支持之下。

促进政府工作人员保持良好的工作态度和提高其工作效率必须依靠公众的监督，从而有利于规范文化遗产保护行为。通过公众监督，公民对文化遗产保护的关注度也会上升，有利于社会民主和进步。应当通过立法促进文化遗产保护公众参与，激励公众积极参与监督，使文化遗产保护工作充分受到全社会的监督和关注。目前，在具体执行过程中出现了很多监督制度缺失的问题，比如缺乏对相关工作人员责任落实的监督，在追究其行政责任时往往会避重就轻，甚至对一些责任人不予追究，或者追究相关责任人的责任滞后。这样会大大削弱我国的法律权威，对我国文化遗产保护工作造成障碍，也极大地削弱了政府的公信力。[①] 且多年来由于领导责任制中未将文化遗产保护责任纳入其中，许多领导负责人对于文物破坏或者文化遗产保护重大决策失误并不重视。所以，要加强对文化遗产保护的监督，建立健全系统长效的监督体系和管理机制，落实责任追究制度，将文化遗产保护工作纳入工作考核，这是目前文化遗产保护工作亟需解决的问题。[②]

（四）公益诉讼权

公益诉讼权是指对于违反法律法规、侵犯公共利益或国家利益的行为，由特定国家机关、组织、个人等依法向法院提起诉讼的权利。公益诉讼包括两类：民事公益诉讼和行政公益诉讼。公益诉讼的原告不只限于被违法行为直接

[①] 胡姗辰. 名城保护与文化建设中公众作用及其参与机制分析[J]. 北京规划建设，2020（02）：123-127.

[②] 申彦舒. 国外非物质文化遗产保护研究及启示[J]. 湖南人文科技学院学报，2021, 38（01）：62-66.

侵害的组织或者个人，只要属于利益相关者，即使不属于直接受到违法行为侵害的组织或者个人，都可以成为原告。公民管理国家事务需要公益诉讼制度进行司法保障，当有人侵害到公民管理国家事务的权利时，可以作为原告提起公益诉讼，交由司法机关审判，保障自己管理国家事务的权利。[①] 公益诉讼具有如下特点：

（1）以保障社会公共利益，追求公平正义为目的；
（2）不直接与普通民众的利益挂钩，具有不特定的利害关系；
（3）公益诉讼原告可以与案件无直接利害关系；
（4）提起公益诉讼无须已经造成现实损害，只要存在损害的可能性即可提起公益诉讼；
（5）可以单独提起公益诉讼或共同诉讼，也可以提起集体诉讼。

我国宪法没有关于公民提起公益诉讼的规定，然而2017年6月27日第十二届全国人民代表大会常务委员会第二十八次会议通过了关于修改《中华人民共和国行政诉讼法》的决定，对其作出如下修改：第二十五条增加一款，作为第四款，即"人民检察院在履行职责中发现生态环境和资源保护、食品药品安全、国有财产保护、国有土地使用权出让等领域负有监督管理职责的行政机关违法行使职权或者不作为，致使国家利益或者社会公共利益受到侵害的，应当向行政机关提出检察建议，督促其依法履行职责。行政机关不依法履行职责的，人民检察院依法向人民法院提起诉讼。"《民事诉讼法》第五十五条也有对公益诉讼的规定："对污染环境、侵害众多消费者合法权益等损害社会公共利益的行为，法律规定的机关和有关组织可以向人民法院提起诉讼。人民检察院在履行职责中发现破坏生态环境和资源保护、食品药品安全领域侵害众多消费者合法权益等损害社会公共利益的行为，在没有前款规定的机关和组织或者前款规定的机关和组织不提起诉讼的情况下，可以向人民法院提起诉讼。前款规定的机关或者组织提起诉讼的，人民检察院可以支持起诉。"司法诉讼是最关键的，影响最深远的，为维护文化遗产保护公共利益而提起诉讼，也是对相关责任人与行为人最强的施压途径。公益诉讼是维护公民知情权、参与权、监督权等权利的最终保障，只有对现行诉讼体系中的公益诉讼原告资格进行调整，使公众具备文化遗产保护公益诉讼资格，才能更好地维护公共利益。[②] 公众认为自己的权利被剥夺或侵害时，可以通过法律途径进行诉讼。当

---

① 刘斌，王毓彬. 南京明故宫遗址的社会参与和立法保护研究［J］. 中国城墙辑刊，2018（00）：145-155.

② 董兴佩. 法益：法律的中心问题［J］. 北方法学，2008（03）：27-34.

前,公益诉讼发展迅速,受到社会各界、专家、政府的重视,为我国文化遗产保护事业提供最后的司法保障途径。

三、专家学者

《非物质文化遗产法》第三十三条规定:"国家鼓励开展与非物质文化遗产有关的科学技术研究和非物质文化遗产保护、保存方法研究,鼓励开展非物质文化遗产的记录和非物质文化遗产代表性项目的整理、出版等活动。"学术研究机构和专家学者在文化遗产保护工作中起着重大的推动性作用。专家学者主要包括中央和各地方的社会科学和艺术研究院的研究人员、高校的教师、相关单位的专业人员等。他们在保护体系中应该得到保障的权益主要有以下几个方面:

(一)学术研究权

学术研究是专家学者的本分和本职工作,也可以说学术研究既是他们的权利也是他们的义务。专家学者应该针对文化遗产进行专业性研究,比如针对某些非遗项目的历史、流变、构成、材料、技艺、保存方法等进行研究。因为很多非遗传承人受本身文化程度的制约,只能使用和展示项目,但无法进行系统的科学研究,这样的任务就责无旁贷地落在了相关领域的专家学者身上。

(二)调查权

我国《非物质文化遗产法》明确规定了非物质文化遗产的调查工作由文化遗产相关的政府工作部门承担。但实际上,对于文化遗产调查这样专业性极强的工作,政府工作部门起到的主要是组织功能,而调查的实际工作是由专家学者带领相关单位的从业人员一起来完成的。搜集、认定、记录、建档等一系列工作,是需要大量时间和经费作保障的。[①] 此外,有条件的专家学者在出访国外或者进行国际交流中,观察、记录并学习其他国家保护文化遗产的有效措施与办法,再因地制宜应用到我国,有助于为我国文化遗产保护提供有益借鉴。

(三)建议权

在国家法律和政府政策出台之前,有关政府职能部门均会广泛征求专家学者意见。建言献策,为国家和政府提供咨询和参考意见,这既是专家学者的权

---

① 马进.公众参与环境保护法律制度研究[J].人大研究,2012(12):31-34.

利，也是义务。一项法律或政策的出台，是多个相关领域专家共同研究探讨、平衡博弈而达成的共识和结果。① 例如我国《非物质文化遗产法》的制定就听取了民俗、文化、法律、教育、行政等多个行业专家学者的意见，最终形成了一部成熟而科学的法律文本。

专家学者经常是处在文化遗产保护工作的第一线，在文化遗产地采风和调研工作中，可以第一时间得到对于法律、政策实施问题的反馈和意见，专家对这些材料进行整理、辨别和分析，并结合自己深厚的理论功底进行思考，提出对法律、政策的改善意见和对策。

四、社区

社区是指长期生活在文化遗产地附近的具有共同意识和利益的社会群体，是具有当地地域独特生态与文化特点、且结构有序的生产生活体系，以当地居民为主导。在保护文化遗产的过程中，社区具有中心作用。社区健康发展关系着文化遗产保护事业的同时，也关系着民生保障事业。

（一）请求权

社区享有请求权。请求权是指法律关系的一方主体请求另一方主体为或不为一定行为的权利。

请求权的第一层含义，是指要求获得某种特定的给付。2005年发布的《国务院关于加强文化遗产保护的通知》提出："地方各级人民政府和有关部门要将文化遗产保护列入重要议事日程，并纳入经济和社会发展计划以及城乡规划。"也就是说，在各级政府层面，文化遗产保护预算经费是必须设立与支出的。在一个社区中，文物需要修缮，文物保护配套设施需要添置，非物质文化遗产需要宣传等等相关事项均需要财政帮扶，那么社区有权要求相关政府职能部门提供资金支持。

请求权的第二层含义是"要求他人为或不为一定行为的权利"。社区可以要求社区内与文化遗产息息相关的居民日常维护、修缮文物，也可以要求非物质文化遗产传承人参与社区活动、进行公益性宣传。同时，社区有权要求相关单位和个人排除妨害和停止侵害。社区的力量远远大于单独的社区居民的力量，因此在发现有单位或公民个人违反文物管理法规，妨害文物管理，故意或过失损毁、非法倒卖、出售、赠送、盗掘珍贵文物、名胜古迹，窃取民间文化

---

① 李艳芳.公众参与环境保护的法律制度建设——以非政府组织（NGO）为中心[J].浙江社会科学2004（2）：6.

艺术成果据为己有，以及擅自出卖、转让可移动文物的，社区可以要求行为人停止相应违法行为，甚至可以通过诉讼方式阻止侵害文化遗产的行为。

(二) 社区发展权

社区发展权是发展权的重要组成部分，是建立在主体发展权与客体发展权融合实现的时空载体基础上，以社区形式享有的经济、政治与文化各方面发展权利的总和。[①]

社区发展权应当作为所有社区居民集体应享有的自主促进特定地理范围社区经济、社会、文化和政治全面发展并享有这一发展成果的人权。其实，很多文化遗产地的社区发展、居民生存依赖于当地文旅产业。社区发展一是受遗产保护与旅游发展外部行政规划、外来资本的投入与运作，二是受本社区内部的传统文化的自身生命力、非物质文化遗产传承人的宣传及居民的经济水平与知识技能水平等多元因素影响。社区发展权的保障应当以外部行政力量与市场扶持以及内部居民自身文化遗产意识的树立为主要因素，内部自生力量和外部帮扶力量相结合，文化遗产地社区才能更好发展。

尤其近年来我国推进乡村振兴战略，乡村发展以村委会为基础，推进乡村社区的物质文明和精神文明现代化。在《中共中央国务院关于做好2023年全面推进乡村振兴重点工作的意见》中指出："深入实施农耕文化传承保护工程，加强重要农业文化遗产保护利用"，各地围绕"乡村社区+文化遗产+旅游"模式，深入挖掘乡村社区文化资源，立足本土乡村农耕文化，增强乡村社区村民的文化遗产保护意识，促进乡村文化振兴，真正维护乡村的社区发展权。

(三) 集体诉讼权

社区在文化遗产保护与由此产生的商业利益分配方面有着极大的主动权。文化遗产作为社区集体公共财产，在文化遗产遭受损害、社区集体因当地非物质文化遗产被窃取盗用蒙受经济损失时，也可以由社区（居委会、村委会）提起诉讼。

2002年的乌苏里船歌著作权纠纷一案，文化遗产保护集体诉讼权的行使具有十分重要的意义。但是我国除了乌苏里船歌案外，很少有社区提出集体诉讼的案件。究其原因，在于公益诉讼制度愈加完善，公益诉讼最重要的主体——人民检察院，因其强大的司法力量，主动承担起了文化遗产保护的重任，

---

① 李长健. 基于农民权益保护的社区发展权理论研究 [J]. 法律科学. 2006 (06)：33-40.

近年来我国最高人民检察院公布的典型公益诉讼案例中,有相当一部分案件是文化遗产公益诉讼案件。

五、营利组织

《中华人民共和国民法典》规定社会组织有三种基本形态:营利组织、非营利组织和国家公权力组织。营利组织主要指公司企业,他们参与文化遗产保护主要有三种方式,一是对文物日常维护和对非物质文化的传播及弘扬提供资金保障,这是依赖企业社会责任促成的。二是企业作为被委托人,直接参与文化遗产项目的经营。三是成立文化创意公司,借助文化遗产自身的文化价值,研发文创产品并取得收益。营利组织以文化遗产为依托,享有经营收益权。

企业将文化遗产作为产业进行开发,或者利用文化遗产进行创意产品生产制造。运用市场经济手段,可振兴当地旅游,增加当地政府的财政收入。

(一)荣誉权

我国现行《文物保护法》第十条第四款规定:"国家鼓励通过捐赠等方式设立文物保护社会基金,专门用于文物保护,任何单位或者个人不得侵占、挪用。"因此,营利组织参与文化遗产保护的方式之一是企业设立文化遗产保护基金,对文物日常维护和非物质文化的传播和弘扬提供资金保障。这是由企业的社会责任属性所促成的。

企业在这一公益行为过程中,其荣誉权应当得到保障。《民法典》第一百一十条规定:"法人、非法人组织享有名称权、名誉权和荣誉权。"第九百九十条规定:"人格权是民事主体享有的生命权、身体权、健康权、姓名权、名称权、肖像权、名誉权、荣誉权、隐私权等权利。"第一千零二十四条规定:"民事主体享有名誉权。任何组织或者个人不得以侮辱、诽谤等方式侵害他人的名誉权。名誉是对民事主体的品德、声望、才能、信用等的社会评价。"第一千零三十一条规定:"民事主体享有荣誉权。任何组织或者个人不得非法剥夺他人的荣誉称号,不得诋毁、贬损他人的荣誉。获得的荣誉称号应当记载而没有记载的,民事主体可以请求记载;获得的荣誉称号记载错误的,民事主体可以请求更正。"

一般而言,荣誉权是指公民、法人所享有的,因自己的突出贡献或特殊劳动成果而获得的光荣称号或其他荣誉的权利。根据我国《民法典》的规定,参与文化遗产保护公益事业的营利组织的荣誉权具有两个主要保障方式:

其一,营利组织在不以营利目的为文化遗产保护事业进行公益捐赠和设置基金会时,对于其捐助的公益行为不得进行恶意诽谤。我国一向引导企业重视其社会职责,并通过税收优惠、低息贷款、名誉嘉奖等方式促使企业参与文化遗产保护工作。尤其,我国民政部于2019年出台的《慈善事业捐赠税收优惠的规定》指出对营业组织进行慈善捐赠活动,依法享受税收优惠。自党的十八大以来,流失海外的1800件文物陆续回家,有很多是营利组织在海外文物拍卖会购买、捐赠回国的。许多企业和个人也很愿意为文化遗产保护和历史文化名城保护慷慨解囊。然而,却有人恶意诽谤这些参与文化遗产公益事业的企业和个人,为此企业应当拿起法律武器维护自己的荣誉权。

其二,营利组织在为文化遗产保护事业进行公益捐赠和设置基金会时,可以要求将其公益行为公示披露。在"中国文物保护基金会"①的网站上,"我要捐赠"板块中披露了所有捐赠信息,包括捐赠人、捐赠对象、捐赠内容与价值等。这种文化遗产公益事项披露机制的影响在于:一是肯定了捐赠人的社会贡献,保障其荣誉权,二是起到正面的激励作用,"有名英雄"的披露,比"无名英雄"的默默无闻,能促进更多公民个人和营利组织参与到文化遗产保护这一公共事业之中。因此,营利组织在做了文化遗产公益事务后,有权利要求受捐赠者或者文化遗产管理行政部门记载或披露。

(二)经营权

营利组织参与文化遗产保护的另外两种方式都是以营利为目的。一是对文化遗产进行直接经营,二是根据文化遗产进行创意开发。

虽然我国《文物保护法》第二十四条规定国有不可移动文物不得转让、抵押。建立博物馆、保管所或者辟为参观游览场所的国有文物保护单位,不得作为企业资产经营。国家有关部委、各个省市也先后发出通知要求"明确文物行政部门的主管职能,已经交由企业管理或作为企业资产经营的,要限期整改"。但前些年,有很多文化遗产经营权转让给了企业和个人。当然,政府因自身财政负担较重,采用市场经济方式引导企业投资开发经营文化遗产,这是可以理解的,但是前些年媒体上爆出的金山岭长城经营权违法转让案②和水洗三孔案③,引起社会各界对企业参与文化遗产经营模式的思考。放眼国外,很多国家都采取了多层次的委托代理制度和文物领养制度,以保护、管理和经营

---

① 中国文物保护基金会(China Foundation For Cultural Heritage Conservation,缩写:CFCHC)创立于1990年,是经中华人民共和国民政部批准、由国家文物局主管的具有独立法人地位的全国公募性公益基金会组织。

② 610万买断经营金山岭长城[EB/OL].中国长城学会官网.2005-04-24/2023-02-10.

③ 2000年山东曲阜三孔(孔府、孔庙、孔林)在一次"大扫除"中被"水洗"造成严重破坏。人民网"水洗三孔"谁是真凶[EB/OL].人民网.2001-02-17/2022-10-23.

当地文化遗产。其中，美国的委托经营制度的成果更为突出，也值得我国借鉴。美国的委托代理制度——美国国家公园体系发展较为成熟。美国的国家公园囊括了自然遗产与文化遗产，国家公园往往面积较大、经营事项较多，所以，美国采取将国家公园的管理权与经营权区分开来的保护方法。美国国家公园系统由国家公园管理局统一进行管理，国家公园管理局将公园保护与开发的各个事项加以区分，分别向社会公开招标，而中标者的经营过程由管理局的下属部门进行监督，做到了管理权、经营权、监督权分离。国家公园的经营依靠中标的公民个人和私人公司，公园的经营权被分为旅游、住宿、餐饮、旅游纪念品等特许经营权，各个投标者通过激烈的竞争取得某一领域的特许经营权，因为公园管理局对中标者的经营过程进行监督，所以中标者不会凭借地理位置和旅游资源优势抬高商品和服务价格，最终保障全体公民能够以极低的成本享受到美国文化与自然之美，公众文化遗产观念也得到培养。这都是值得我国学习借鉴之处。

自党的十八大以来，文化事业创新能力增强，"文化遗产+产业"，"文化遗产+旅游"浪潮兴起。很多企业把握文化产业迅猛发展的历史机遇，对旅游业、博物馆业、文化创意产业进行投资、参股、控股，创办旅游公司、私人博物馆，进行"国潮""中国风"等产品的设计与研发，让传统文化与时代精神相契合，传播中华新风尚，树立文化自信。我国现阶段强调文化遗产不应当死气沉沉地陈列在博物馆中，而是应当进行活化利用。文化遗产要想得到深入开发和更为生动地活化利用，就应当将文化遗产与社会资源有效结合，吸引更多企业在文创产业中立足，得到更多收益，营利组织的经营收益权应当得到保障，形成良性竞争机制，从而提升市场活力。

六、非营利组织

纵观人类历史，非营利组织产生的时间可以追溯到古罗马时期，在罗马法中就有对非营利组织的规制。基金会、社会团体、企业法人创办的非企业单位等都可以归属为非营利组织的范畴。我国现有《非营利组织法》《慈善法》对非营利组织相关事项进行规制。我们应当明确的是，非营利组织有两类属性组织的存在：一是以完全公益为存在方式的慈善组织，二是以互益为目的的诸多社会团体。因此，慈善组织并不等同于非营利组织，非营利组织有完全公益和互益之分。[①] 非营利组织所拥有的权利有：

---

① 北京大学法学院. 北大法学初阶（贰）[M]. 北京：法律出版社，2021. 181–182.

（一）公众非参与权

非营利组织拥有最基本的文化遗产保护事业的公众参与权，因近几十年来，社会生活的急剧扩张，公法私法化和私法公法化的情况日益增多，很多国家在国际社会中环保、大气层污染、温室效应等领域的失语现象，导致了很多有社会责任感的人、环保主义者等团结起来成立了社团组织，为人类面临的诸多问题发声。非营利组织的公众参与因其灵活性与非政府性，更容易结成跨越国界的文化遗产保护社团，以共同应对文化遗产消亡的危机。

非营利组织提供文化遗产保护相关社会志愿服务，自下而上地推动社会变革，这些组织是自治的、多元的、公开的、非垄断的。但是，这些组织也会面临志愿失灵的情形。[1] 任何组织都是由自然人组成，自然人自愿贡献自己的爱心、金钱和时间，他们没有法定的权利和义务，很多组织能够成立并运行，在很大程度上取决于强有力的领导。如果没有强有力的领导者和监督机制、捐赠资金与物品无法用于正途的话，非营利组织就会走向志愿失灵的情形。

非营利组织享有参与文化遗产保护事业的权利，应当充分发挥其优势，消弭其劣势，才能更有利于文化遗产事业的发展。

（二）公益诉讼权

从理论上而言，非营利组织有提起文化遗产保护公益诉讼的权利，然而现实的情况是，提起文化遗产保护公益诉讼的主体基本上都是检察机关。我国最高人民检察院每年都会发布文物和文化遗产保护十大典型案例。[2] 在与文化遗产保护领域相近的环境保护领域中，非营利组织主要是环保组织，他们存在时间更久、数量更多、力量更大，但是实际情况却是以环保组织为主体提起的公益诉讼基本都被法院驳回了，究其原因在于：因环境损害造成的赔偿与罚款的最终归属问题无法得到解决，如果最终归属于提起公益诉讼的环保组织而不是国家财政，也很有可能会落入私人口袋，这种情形就极为不合理，最终也损害了公共利益。那么，在文化遗产保护领域也面临同样的问题。

---

[1] 北京大学法学院. 北大法学初阶（贰）[M]. 北京：法律出版社，2021. 182.
[2] 检察公益诉讼新领域重点：文物和文化遗产保护，最高检发布10起文物和文化遗产保护公益诉讼典型案例［EB/OL］最高人民检察院官网. 2020-12-02/2023-2-12.

第三节 公众参与文化遗产保护中的权利主体的义务内涵

权利与义务是法律关系中对立的两个术语，同时，它们又是相互贯通、相互依存的。法律赋予公众参与文化遗产保护的权利，那么，权利主体也必须履行相应的义务。公众和社会组织在享受文化遗产保护带来的红利时，也要承担相应的文化遗产保护义务。

一、普通公民保护文化遗产的义务

参与文化遗产保护的各方当事人，不仅必须严格遵守有关的法律、法规，而且必须做到平等地对待自己的权利和义务。文化遗产所在地的居民及来此观光旅游的游客，都属于文化遗产保护的义务主体，他们既享有权利，又必须承担责任。

普通公民保护文化遗产的义务来源的理论在于坚持可持续发展，使当代与后世同样可以享用前人留给现代人的人文资源。遗产地居民要有主人翁意识，要在通过文化遗产获取利益的过程中提升自觉性和主动性，并承担起相应的责任和义务。在文化遗产保护范围内的居民既有生产、销售与文化遗产有关的产品的权利，又有保护周边自然环境与生态平衡的责任。如遗产地居民在利用文化遗产地的原材料生产手工业产品时，要注意保护环境，对原料的使用要有节制，坚持可持续发展。① 在一定意义上讲，遗产地居民的责任与义务要比享有的权利多得多。

虽然游客无法像文化遗产地居民一样，从物质上获得直接的经济收益，但是他们可以从知识中获得情感和理性的提升，从而获得精神上的安慰。所以，旅游者也要尽到自己的责任，自觉保护自然环境，尊重民俗民风等。

二、社区保护文化遗产的义务

国际和国内都强调文化遗产的"活态"保护，将保护与开发利用进行有效结合。而文化遗产离开产生它的社区，就会丧失其活力，因此，社区保护对于文化遗产的保存与发展至关重要。

---

① 向荣淑. 公众参与城市治理的障碍分析及对策探讨 [J]. 探索，2007（06）：69.

文化遗产地社区有保护文化遗产的义务。且很多国际性文件对此也有相关规定。国际古迹遗址理事会于1999年在墨西哥通过《国际文化旅游宪章(重要文化古迹遗址旅游管理原则和指南)》,制定该宪章的目的是在旅游发展和古迹遗址保护之间保持一种和谐关系。该宪章梳理了东道主社区的文化个性和文化遗址与国内外游客的兴趣、期望和行为之间所应具有的和谐共生的关系,提出应当推广社区参与制度,社区应当发挥其文化遗产保护的功能。欧盟委员会于2005年制定的欧洲地区性公约《文化遗产社会价值框架公约》(即《法罗公约》)第二条b款定义了一个与遗产建构相关的新社会群体——"由那些尊重文化遗产的特殊性,并希望在公共行动框架内维持这些特殊性、将之传给后世的人组成"的遗产社区。一般我们所认为的社区都是根据地方、区域、国家、成员所属的民族、宗教、职业或阶级的不同所划分的,而"遗产社区"与一般的社区不同,这个术语应当跳脱出传统社区概念的禁锢,"遗产社区"是可以跨越地域和群体的,既不根据遗产坐落的地点,也不根据成员的身份划分,人们可以从很远的地方加入进来成为社区的一员——"人只要尊重文化遗产并希望将它传承下去,就可以成为遗产社区的成员。"[①]

三、营利组织保护文化遗产的义务

资本都是逐利的,营利组织也是社会这个关系大网中的一个连接点,是社会中不可或缺的一员,营利组织并不能完全地独立于社会,它在进行逐利的过程中,也要承担起它的社会公益责任。营利组织有保护文化遗产的义务,有保卫国家文化安全的义务。

营利组织怎样在逐利与履行文化遗产保护义务之间进行平衡,这往往需要长期的实践方能把握。科技发展日新月异,文化遗产利用与保护的形式愈加多样。目前,旅游企业掌控文化遗产地,对文化遗产过度旅游开发是文化遗产保护事业经常面临的困境,企业对某地域或者民族的文化遗产的盗用与滥用,以及依靠文化遗产衍生出的加密艺术品、数字典藏所涉及的国家或民族文化安全问题受损,成为目前文化遗产领域经常出现的现象。因此,营利组织在利用文化遗产进行逐利的过程中应做到:一是不破坏文化遗产地的遗产原真性与完整性,保护当地的环境;二是尊重国家、民族、地域的情感,不侵害一国或民族的文化安全,在科技创新的过程中做有利于文化遗产价值广泛传播的事情。

---

① 加比·多尔夫-博内坎帕,闻樵. 文化遗产与冲突:欧洲的观点[J]. 国际博物馆(中文版),2010, 62 (02): 16-22.

四、非营利组织保护文化遗产的义务

非营利组织是处理文化遗产保护问题的先锋军,他们往往由具有积极参与文化遗产保护事业的精英人士组成,具有较高的文化遗产保护与应对突发问题的知识文化水平和活动经验,对涉及较多技术标准和流程的方法或措施,可以起到更加行之有效的监督和指导作用。

(一) 文化机构

我国《非物质文化遗产法》第三十五条规定:"图书馆、文化馆、博物馆、科技馆等公共文化机构和非物质文化遗产学术研究机构、保护机构以及利用财政性资金举办的文艺表演团体、演出场所经营单位等,应当根据各自业务范围,开展非物质文化遗产的整理、研究、学术交流和非物质文化遗产代表性项目的宣传、展示。"在全国范围内,由文化馆、图书馆、博物馆、美术馆等组成的公益性的公共文化组织,多数是由中央和各个地方的文旅部门直属的事业单位,有的是全额国家财政拨款,有的是由社会资助。同时,由于文化馆、图书馆、博物馆等公共文化组织自身具备人员、场地、技术等优势,在相关政策的扶持下,可以承担起相应的保护责任。

其一,文化机构有展示的义务。博物馆、美术馆、图书馆等是文化展示、教育、普及的地方。在文化遗产受到更多关注和越来越重要的情况下,通过展览和展示的方式来推广它,这是最普遍、最快捷的方式。分散在全国各地、形态各异的文化遗产项目,如果把它们聚集在一起,精心展示,无疑会产生很强的冲击力和广告效应。[1] 与其他以实物为主的展览方式不同,在文化遗产项目中,必须突出展示的作用。其二,文化机构有沟通义务。通过组织论坛、会议、采风等形式的文化组织,为从事文化遗产保护的工作者提供一个信息流通和人员互动的平台。其三,文化机构有组织培训的义务。教育培训是文化机构的一项重要职能。在文化遗产的保护方面,人才的培养是一个重要的突破口。通过培训等方式,可以提高文化遗产保护相关机构与行业人员的职业素养和综合能力。

(二) 新闻媒体

作为社会生活的窗口和媒介,新闻传媒具有很强的影响力和吸引力。文化遗产保护工作的开展离不开新闻媒体的介入和支持。其职责如下:

---

[1] 王秀哲. 我国环境保护公众参与立法保护研究 [J]. 北方法学, 2018, 12 (02): 103-111.

其一，新闻媒体有宣传真实、客观、全面的信息的功能和义务。国家机关工作人员、专家学者、学生在相应的工作和学习地点都能接触到文化遗产相关信息和知识。然而除此之外，大多数人了解和获知关于文化遗产的相关政策、知识、现状等情况，还需要通过新闻媒体。重视新闻媒体的作用，往往能起到出其不意的效果。在社会全面推进文化遗产保护工作的同时，也要对这一工作的方方面面进行及时地宣传和报道，以提升其社会地位，突出文化遗产保护工作的重要性。

其二，新闻媒体有代表公众对政府进行监督的义务。文化遗产保护是一种由国家主导的管理活动。新闻媒体对政府的工作进行监督是其重要职能和权利。新闻媒介的触角长，同时又具有很敏锐的特性，能够及时地发现和反映民众的意见和呼声，这有利于保护文化遗产。[①] 除了人民群众，还有一些专家、学者也可以利用媒体，形成多渠道、立体化的舆论监督平台。

其三，新闻媒体有搭建民众意见平台的义务。文化遗产并不属于政府，也不属于专家和学者，它是全人类的共同财产。关心和爱护文化遗产，是社会各界的共识。新闻媒体广泛吸引社会公众出谋划策、集思广益、畅所欲言，公众再借助媒体提出意见建议是对文化遗产建言献策最直接、最方便的方式。

（三）学校

学校是有组织、有系统开展教育活动的机构。作为文化遗产保护的主体，学校在社会大众的参与下，也扮演着举足轻重的角色。我国《非物质文化遗产法》第三十四条规定："学校应当按照国务院教育主管部门的规定，开展相关的非物质文化遗产教育。"

一般学校主要承担着文化遗产保护知识普及、教育的责任。学生在校期间所学的课程、内容均由教育行政机关制定，反映了政府的指导思想。同时，青少年在学校学习到丰富的文化知识，也为他们未来参与文化遗产保护工作奠定坚实的基础。将文化遗产引入到教育中来，无疑是一项很有远见的行动，使学生能够在教室里，了解和探求自己国家和民族的优秀文化传统和艺术瑰宝。对文化遗产知识普及和受众的培养，具有深远的意义。

学校在推广文化遗产方面，既要尽到责任，也要有先进性，除了按照教育部和各省教育厅的要求之外，还要结合学校的师资、学生和课程的实际，结合当地的特点，在课程中增加当地文化遗产的教学内容；可以通过兴趣班、课外

---

① 朱谦. 我国环境影响评价公众参与制度完善的思考与建议 [J]. 环境保护, 2015, 43 (10): 27-31.

小组、选修课等形式来加强；除课堂欣赏外，还可以举办非遗传承人课堂、组织学生现场观摩等多种形式，使这项活动更加丰富多彩，更能调动和激发学生的学习热情。

总而言之，在文化遗产保护和利用工作中，学校扮演了一个非常重要的、独一无二的角色，学校不仅是中华优秀传统文化的宣传阵地，也是传承非物质文化遗产的实践基地，是文化遗产"活化"的重要场所之一。

第四节 公众参与文化遗产保护中行政机关的权力和职责

权利主体享有权利的行使状况，很大程度上取决于义务主体履行义务的情况。在文化遗产保护中，各关系主体价值多元化，而他们的价值的实现，需要行政机关的角色参与，因此，行政机关是文化遗产保护公众参与的主要义务主体。

一、公众参与文化遗产保护中行政机关的权力

学界中关于行政机关权力的理论包括平衡论、控权论、服务论、法治政府论、公共利益本位论等。而在我国法学教育中普及较多的是"平衡论"，也就是"权力与权利的平衡"。这个平衡实质上就是必须实现公共利益（国家利益、集体利益）与个人利益之间的平衡。而行政机关的行政权力基本上等同于执行权。这一观点在大陆法系的大多数国家都较为认可。我国大部分学者也认同这个观点。且这一观点在我国也有实定法依据，我国现行《宪法》第八十五条规定，中华人民共和国国务院，即中央人民政府，是最高权力机关的执行机关，是最高的行政机关。《地方各级人民代表大会和地方各级人民政府组织法》第五十四条规定，地方各级人民政府是地方各级人民代表大会的执行机关，是地方各级国家行政机关。我们可以知晓行政机关的权力是和执行权画等号的。行政权要受到法律的支配或者受法律的统治，在当今中国的语境下就是依法行政。我国物质文化遗产和非物质文化遗产保护中的原则第一点就是政府主导，我国物质文化遗产和非物质文化遗产保护中的原则第一点就是政府主导。鉴于我国政府具有较广泛的职能，并掌握着社会的高效资源，我们政府必须恪守合理与合法行政的原则。然而，基于社会现实，政府现在处于一个出钱购买公共服务的情形，并未完全垄断文化遗产保护工作。

自党的十八大以来，中华优秀传统文化传承与发展成为了新的时代课题，

文化遗产保护问题成为了很多地方政府重点关注的热点，他们为了提高该区域的文化遗产保护公众参与程度，采取了很多措施，比如拓宽参与渠道和方式，制定相关政策来提高公众参与的积极性。地方政府文化遗产保护水平直接影响公众参与度。此外，公众参与也取决于公众对于政府的信任度、政府的支持度等因素。有些文化遗产保护问题无法通过个体的独立行为解决，此时需要寻求包括政府部门、非营利组织以及相关组织或机构的帮助。[1] 在这个过程中，行政机关的职权行使包括：

（一）管理权

管理是指管理者在一定的环境条件下，对组织机构所拥有的资源进行计划、组织、领导、控制和协调，以有效地实现组织目标的过程。我们在此所说的管理权属于狭义层面，它主要是指通过行政手段在行政机关内部进行管理和运作的活动。主要包括：

其一，行政机关有制定文化遗产保护规划和相关法律规范的职权。《非物质文化遗产法》第二十五条规定："国务院文化主管部门应当组织制定保护规划，对国家级非物质文化遗产代表性项目予以保护。省、自治区、直辖市人民政府文化主管部门应当组织制定保护规划，对本级人民政府批准公布的地方非物质文化遗产代表性项目予以保护。制定非物质文化遗产代表性项目保护规划，应当对濒临消失的非物质文化遗产代表性项目予以重点保护。"一切行动的前提条件是合理地规划。文化遗产的保护规划是指政府针对文化遗产制定较为全面的、长远的发展计划，是对未来文化遗产保护工作整体的、基本的、长期的、基础的思考设计。只有制定好计划，才能有针对性、有组织、有步骤地动员全社会的力量和资源来做好这一工作。[2] 有了计划，就可以有一个统一的目标，让社会知晓政府要引导文化遗产保护事业走向何处，要建立起怎样的保护体系，并让所有的保护主体明确在这个体系中的定位和职责。

其二，行政机关有评审文化遗产项目的职权。政府在文物保护工作中的一项重要工作就是对文化遗产进行评估，认定文化遗产等级，确定其价值。评估工作按国家、省、自治区、直辖市进行划分。文化遗产项目评审需要经过地方文旅部门发布通知、材料上报、汇总、专家评审、上报文化和旅游部部务会议、联席会议审核、公示，最后再由国务院正式发布等多道程序。每一步都环

---

[1] 秦小建. 论公民监督权的规范建构 [J]. 政治与法律, 2016 (05): 61.
[2] 钱锦宇. 信息公开、制度安排与责任政府的建设 [J]. 哈尔滨工业大学学报（社会科学版），2013, 15 (05): 36.

/ 第二章 公众参与文化遗产保护的权利主体与义务主体 /

环相扣,缺一不可。在审查的过程中,往往需要反复,需要多方建议,需要不断修改,最终确定下来。在此过程中,评审标准的制定、专家评审和评审委员会的组织是评审的重点。上报项目的现状、价值、意义等情况均以各种材料在评审会议上一一呈现,由专家根据项目特点,针对项目进行初评和选择。① 在这些环节中,政府对于公开、公平、公正的原则的掌握,就显得尤为重要。

其三,行政机关有对文化遗产保护相关问题进行释疑的职权,因为文化遗产保护涉及多个领域,包括历史、文化、艺术、法律等,而且实施过程中可能会遇到各种问题。政府需要对这些问题进行解答和解释,以确保文化遗产得到有效保护。中国开展文化遗产保护的历史虽然不长,但是由于实施速度很快,许多法律和政策在实施过程中会出现各种问题。这些问题可能涉及遗产的认定、保护、管理、利用等方面,需要政府加强对相关问题的释疑工作,以便更好地保护和管理文化遗产。政府在解答和解释文化遗产保护相关问题时,需要坚守一定的原则。例如,对于文化遗产的认定和保护,政府需要遵循历史、文化和艺术等方面的专业原则,确保遗产的价值得到充分认可和保护。对于文化遗产的管理和利用,政府需要遵循公共利益和社会公正原则,确保文化遗产得到合理利用,同时不影响其保护和传承。政府还需要加强对文化遗产保护相关政策的宣传和普及,提高公众对文化遗产保护的认识和意识,鼓励社会各界积极参与文化遗产保护工作。政府可以通过各种渠道,如举办文化遗产日、发行文化遗产保护宣传资料、开展文化遗产保护教育等,向公众普及文化遗产保护的知识和技能,提高公众对文化遗产保护的重视程度和自我保护意识。②

其四,行政机关有设立国家文化公园这类的文化生态保护区,建立文化生态保护机制的职权。对文化遗产代表性项目集中、特色鲜明、形式和内涵保持完整的特定区域,由地方文旅主管部门编制专门的保护方案,报同级人民政府审批后,实施区域整体保护。对文化遗产进行区域整体性保护,要在尊重当地人民意愿的基础上,对其作为文化遗产的实物和场地进行保护,防止其受到损害。③ 对文化遗产集中地区实施区域整体保护,涉及城镇和街区的空间规划,由地方城乡规划主管部门根据有关法律规定,编制专项保护计划。保护文化遗产是"文化生态保护区"的核心,保护区是以促进经济社会全面发展为目标划定的特定区域,从而对传统文化及其周边生态进行整体保护。有形和无形的文化遗产与历史街区、村镇、传统民居、古迹等是密不可分的,与人民的生

---

① 王锡锌. 公众参与:参与式民主的理论想象及制度实践 [J]. 政治与法律,2008 (06):8.
② 王丽. 公众参与背景下治理现代化能力提升 [J]. 人民论坛,2016 (05):61.
③ 吴真. 生态决策制定中公众参与的前提分析 [J]. 行政与法(吉林省行政学院学报),2006 (05):104.

产、生活密切相关,与自然环境、经济、社会环境和谐共处。① 国家文化公园建设和文化生态保护区建设是我国文化遗产保护的新亮点,也是一项重大举措。

(二) 监督权

监督是指行政机关针对某一特定环节或具体事项的过程进行监视、督促和管理,使其结果能达到所期望的目标。

行政机关的重要职能之一是在工作中行使监督权。如《非物质文化遗产法》第二十七条规定:"国务院文化主管部门和省、自治区、直辖市人民政府文化主管部门应当对非物质文化遗产代表性项目保护规划的实施情况进行监督检查;发现保护规划未能有效实施的,应当及时纠正、处理。"在制定文化遗产保护规划后,需要逐步地落实,监督就成为政府的主要工作。文化遗产项目是否取得预期成果,不仅要重视规划怎么写,更要看实际工作怎么做。② 监督的内容包括:规划是否按照时间和要求得到了落实和完成;非物质文化遗产传承人在开展传承工作中是否积极主动地配合政府完成分内的工作,是否履行传承的义务,文化遗产保护项目是否按照计划得到了妥善的维护、传播和传承,国家用于文化遗产保护工作的资金和实物支持是否到位,到位后使用是否合理等。在监督实施过程中,如果发现有缺陷和问题,要对责任人和责任单位进行警告和警示,如果经过反复的警告和教育,仍然不改正,造成一定后果的,当事人和单位就要承担相应的行政责任,造成更大损毁和恶劣后果的,可能还要负刑事责任。

(三) 调查权

"调查权"是《非物质文化遗产法》赋予政府及其有关部门的特殊权力,它用一章的篇幅,即"第二章 非物质文化遗产的调查",对其进行了详细的规定和说明。在文化遗产保护工作中,调查工作具有举足轻重的作用。调查权属于保护文化遗产的一个不可缺少的权力之一。

《非物质文化遗产法》第十一条是关于调查权限的规定:"县级以上人民政府根据非物质文化遗产保护、保存工作需要,组织非物质文化遗产调查。非物质文化遗产调查由文化主管部门负责进行。县级以上人民政府其他有关部门可以对其工作领域内的非物质文化遗产进行调查。"第十四条规定:"公民、

---

① 徐祥民. 地方政府环境质量责任的法理与制度完善 [J]. 现代法学, 2019, 41 (03): 69.
② 杨登峰. 从合理原则走向统一的比例原则 [J]. 中国法学, 2016 (03): 88.

法人和其他组织可以依法进行非物质文化遗产调查。"以上条文通过法律形式明确规定了县级以上政府及其相关文旅部门是我国文化遗产调查的主要权力主体,是文化遗产调查的组织者和责任人,政府其他相关机构、公民、法人和其他组织可以依据法律开展调查活动。

在调查的手段和方式方法上,也要有一定的原则和标准。在开展文化遗产调查时,应当将文化遗产进行认定、记录、归档,并建立与之相适应的调查与交流共享机制。应当搜集具有代表性的文化遗产组成部分,对在调查中获得的资料进行整理,并对其进行保护,防止损毁、灭失。由有关单位提供实物照片和资料、复印件等,再进行汇总,统一上报至同级文化和旅游主管部门。政府机关应该对文化遗产进行系统的了解,并建立文化遗产档案和相关资料库。[①]文化遗产有关资料,除法律规定必须严格保密的以外,应向社会公布,以方便公众查询。对文化遗产进行调查和归档是文化遗产保护工作的重点,需要各级政府花很大的精力和财力进行计划和组织。赋予行政机关文化遗产调查权有利于摸清家底,为开展文化遗产保护工作铺平道路。

(四)指导权

行政机关有对文化遗产进行管理、保护、利用、传承与宣传的指导权。在种类繁多的民间民族传统文化中,有些文化遗产宣扬封建迷信、邪教,含有原始、蒙昧、不健康的内容和元素,因此,如何看待、处理此类文化遗产,已成为国家的一大挑战。针对此类问题,可以采用分级指导方法,对于有封建邪教等不良价值观导向的文化遗产,须客观地认识到这些文化遗产是人类历史发展中某一侧面或者某一特定历史时期的特殊产物,重点在于"保存",不进行宣传与发展;而其他具有良好的价值观导向,且有历史、文学、艺术和科学价值的"中华优秀传统文化"的项目,则强调"保护",并将它们传承发扬下去。[②]而目前对于政府分类指导和行使管理权力面临的挑战是如何制定具体标准来划分文化遗产,归入"保存"和"保护"不同的序列中。

(五)表彰、奖励权

我国《非物质文化遗产法》第十条规定:"对在非物质文化遗产保护工作中做出显著贡献的组织和个人,按照国家有关规定予以表彰、奖励。"这种表

---

① 竺效. 论公众参与基本原则入环境基本法 [J]. 法学,2012 (12):127.
② 刘小康. 论行政决策公众参与度及其影响因素——基于中国经验的分析 [J]. 北京行政学院学报,2017 (04):54-62.

彰和奖励制度的目的在于对那些在文化遗产保护工作中做出杰出贡献的组织和个人给予肯定和鼓励，同时也可以提供资金支持，进一步激发他们保护文化遗产的热情和积极性。

具体而言，这种表彰和奖励制度可以从多个方面扩展和充实。首先，它可以发挥引领作用，倡导更多的人关注和参与到非物质文化遗产保护工作中来。通过表彰和奖励优秀的文化遗产保护者和传承者，可以吸引更多的人关注文化遗产保护工作，了解其重要性和紧迫性，进而加入这个领域中来。其次，这种制度还可以促进文化遗产保护工作的创新和发展。受到表彰和奖励的个人和集体，通常在文化遗产保护领域取得了显著成绩和经验。他们通过自己的实践和创新，为文化遗产保护工作提供了新的思路和方法，为这个领域注入了新的活力。这些经验和成果也可以为其他人在开展文化遗产保护工作时提供借鉴和参考。此外，表彰和奖励制度还可以促进不同地区、不同群体之间的交流和合作。由于受到表彰和奖励的个人和集体来自不同的地区和群体，他们所取得的成就也反映了不同地区和群体的文化特色和智慧。通过这种交流和合作，可以促进不同地区和群体之间的相互了解和融合，为文化遗产保护工作提供更广阔的空间和更多的资源。最后，这一制度还可以激励更多的人投入到文化遗产保护工作中来。通过表彰和奖励优秀的文化遗产保护者和传承者，可以激发更多的人对文化遗产保护工作的热情和积极性，鼓励他们投入到这个领域中来。这样不仅可以促进文化遗产保护工作的开展，也可以为更多的人提供实现自我价值和社会价值的机会。

（六）倡导、协调、组织社会单位参与保护工作的权力

我国《非物质文化遗产法》第九条规定："国家鼓励和支持公民、法人和其他组织参与非物质文化遗产保护工作。"这表明，文化遗产保护不仅仅是政府的责任，也是每一个公民、法人和其他组织的共同使命。文化遗产是国家的瑰宝，是民族的精神支柱，是人类的共同遗产，它的保护涉及国家的历史、文化、教育、经济、社会等多个方面，需要全社会的共同参与和努力。

文化遗产保护是一个庞大的、长期的系统性工程，政府作为其中的主导，法律赋予行政机关倡导、协调、组织各种力量共同参与文化遗产保护的权力。这意味着政府在文化遗产保护工作中，不仅要承担起规划、组织、协调、监督等职责，还要与公民、法人和其他组织共同合作，形成合力，共同推动文化遗产保护工作的开展。行政机关在行使这一权力时，应通过发扬正能量和协调各方面的力量，来推动文化遗产保护事业的发展和实现。这种权力是人民所赋予的，其核心是通过积极的态度、合理的规划和有序的组织来达成既定的目标。

在这个过程中,行政机关要关注实现文化遗产保护的过程和方法,而不是争夺部门间的权力或利益。此外,行政机关在开展文化遗产保护工作时,还应积极引入现代科学技术和管理理念,创新保护方式和手段,提高文化遗产保护的效率和水平。同时,还应加强国际合作,学习和借鉴其他国家在文化遗产保护方面的先进经验和做法,提升我国文化遗产保护的整体水平。

总的来说,政府拥有倡导、协调、组织社会单位参与保护工作的权力,表明了国家对文化遗产保护工作的重视,也表明了全社会共同参与文化遗产保护的决心。我们每个人都有责任和义务为文化遗产保护作出贡献,共同保护和传承我们的文化遗产,让它们在我们这一代人手中得到更好的保护和传承。

二、公众参与文化遗产保护中行政机关的职责

各级文化和旅游管理职能部门以及其他负有文化遗产保护监督管理职责的部门都是公众参与的义务主体。

(一)文化遗产信息公开义务

公众参与的前提和基础是公众能够熟悉和掌握文化遗产保护的基本信息。文化遗产信息公开有多重渠道:其一,政府通过建立文化遗产保护的公共信息交流平台,及时发布相关文化遗产保护信息;其二,依公民申请公开文化遗产相关信息;其三,电视、广播、报纸等现代媒体有效且及时地发布文化遗产的基本情况、保护方案、文化遗产损毁情况等信息。此外,政府召开内容丰富、真实、全面的新闻发布会报告会、听证会等也是发布信息的重要手段,及时地收集公众的意见,组织公众进行讨论,对公众发表的意见进行处理并及时反馈,使各方能够很好地进行沟通和交流。[①]

信息发布应当做到尽量翔实,使人人都清楚明白发布信息的具体内容。首先,发布信息要关注到基础信息容量以及公众是否能理解信息内容和理解到什么程度。然而,现实情况是:公众在一些文化遗产相关重大事项听证会和意见收集活动等信息发布的时候没有注意到,在活动结束后才关注到。由此,可以发现行政机关信息发布平台存在不足,亟需通过其他途径来弥补这一缺陷。这就需要政府部门或者文化遗产保护部门的工作人员深入基层,面对面地向公众进行文化遗产保护信息的宣传、讲解,确保公众不但知道,而且能够理解文化遗产保护信息的真正内涵,并且鼓励公众发表自己的意见。

---

① 刘福元.数字城管模式下公众参与的路径考察——基于实证视角的网站参与和市民城管通[J].电子政务,2017(02):86-95.

我国应完善相关立法，保障信息发布的准确性、真实性。真实、全面的信息发布是公众参与的前提，信息发布必须贯彻一个原则，即公平公正公开。①这就需要严格规范的法律条文来明确发布虚假文化遗产保护信息、隐瞒应当发布的信息、片面发布信息的行政机关的法律责任。

（二）对文化遗产保护公众参与的回应义务

公众参与度得以有效提升的一个重要途径在于加强政府信息回馈，这也是反映公众参与度的重要指标之一。② 只有行政机关充分披露文化遗产保护项目的全部信息，并对公众的意见和建议进行及时的反馈，才能确保文化遗产保护工作的有效和高质量进行。

许多发达国家都非常重视公众对接收到文化遗产信息后的反馈工作，并对其作出了明确、详尽的规定。应做到以下三点：其一，确保公众信息反馈的渠道多样化；其二，政府对公民个人和群体的不同观点，即使观点较为偏颇，也都尽其所能进行反馈；其三，政府向公众反馈的具体内容包括审查文化遗产保护的方案和规划，对公众反映的日常文化遗产保护措施与事项相关观点进行沟通，反馈意见采纳的结果，对未能采纳的具体原因进行解释等。

公众参与是否有效，取决于公众的意见是否被政府认真对待和及时反馈。其一，要保证反馈的广泛度，无论是集体组织还是公民个人，任何主体提出的意见建议都应得到反馈。其二，要保证反馈的深入度，及时反馈民意是否被接受，如何根据民意改变此前陈旧过时或不合理的文化遗产保护管理方式等。其三，应以立法形式明确政府法律义务，制定相关的法律法规。以法律方式规定在不严肃、不恰当地应对舆论突发事件，不对民意进行仔细调查，不能充分、认真地对公众进行解释的情形下，行政机关及相关责任人应当负的法律责任和应当承担的法律后果。只有构建完善的法律体系，使有关政府部门能够正确处理民意，对公众的意见建议做到认真研究、虚心接受、详尽反映，才能真正达到公众参与应有的效果。

（三）对文化遗产保护相关工作的监督义务

文化遗产保护公众参与实质上是文旅行政部门与公众之间的合作，这一合作过程必须通过完备的法律体系和相应的制度确立，防止行政机关权力滥用，

---

① 代凯. 公众参与政府绩效管理：困境与出路 [J]. 中共天津市委党校学报，2017，19（02）：90-95.

② 孙海涛. 水资源管理中的公众参与制度研究 [J]. 理论月刊，2016（09）：104.

要确保公众的反馈意见得到认真对待,要积极采纳、认真研究,使公众参与发挥效用。行政机关应当承担文化遗产保护工作的监督义务。文化遗产保护事项包括内部监督和外部监督。行政机关内部监督是指行政机关对其所属各职能部门的行为进行监督,也包括同级行政机关之间以及下级行政机关对上级行政机关的监督。外部监督是检察机关对行政机关进行的监督。

其一,行政机关的监督义务出发点在于其自我修正机制,这是一个内生于政府治理过程的重要原则。自我修正机制强调政府能够在实践中发现问题、改正问题,从而提高政府治理的效能和公众满意度。这种机制体现了政府对自身行为的反省和批判性思考,以及对社会公众负责的态度。中国共产党之所以能够走过百年的光辉历程,源于自我修正与包容互鉴。自我修正能力使党能够不断总结经验教训,纠正错误,完善政策和策略,从而使党始终保持先进性、纯洁性和活力。包容互鉴能力使党能够广泛听取不同意见,吸收各种有益建议,充分调动各方面的积极性,形成全党的共识和统一。在中国共产党领导下的各项社会主义事业和国家行政机关,也拥有强大的自我修正和包容互鉴能力。这种能力使得政府能够在治理过程中及时发现问题、改正问题,从而提高政府治理的效能和公众满意度。同时,政府也能够广泛听取民众意见,充分调动民众参与社会事务的积极性,形成政府与民众的共识和统一。正是由于这种自我修正和包容互鉴能力,我国政府在开展各项工作时,能够及时调整政策措施,确保政策的合理性和有效性,从而推动国家各项事业的健康发展。这种能力也使得我国政府能够在面对各种困难和挑战时,保持冷静和清醒,果断采取措施,化危为机,推动国家的繁荣和发展。

其二,我国行政机关内部监督机制较为健全。一般而言,行政机关内部监督分为四种情况:一是监察委员会对行政机关的全面监督。我国自2018年进行监察制度改革以来,对于行政机关及其工作人员的监督卓有成效,既打老虎又拍苍蝇,对文化遗产保护事项相关的文旅行政机关的警示作用较强,使相关部门的国家机关工作人员不敢滥用职权,违反法律和党纪政纪,从而保证了文化遗产保护的顺利进行。二是特别行政机构实行的特种监督。如审计机关的财务监督,从中央层面的国务院审计署到省一级的审计厅再到市县区一级的审计局,我国设置了一整套完备的审计制度,各级地方政府都将文化遗产修缮及其相关工程项目列入财政预算,每年大量拨款,确保文化遗产专项拨款能够科学地支出、不弄虚作假,发现问题后及时纠错,这都是审计部门工作的主要内容。三是具有隶属关系的上下级文化遗产保护行政机关之间的纵向监督。比如上级政府对下级政府文化遗产总体工作、上级文旅行政部门对下级文旅行政部门的文化遗产保护与利用的具体工作进行检查、督促、指导,下级政府和下级政府中的文旅行政部门对上级机关的错误决定和指令进行批评、建议。四是同级行政机关间的互相监督。如公安机关在办理社会治安案件和刑事案件的过程中，发现文化遗产保护相关问题，可以对同级文旅行政部门提出批评、建议，教育主管机关在学校中的非物质文化遗产的教育与传播过程中发现不妥之处，也可以向同级文旅行政部门提出意见建议。

其三，检察机关对文化遗产保护行政机关进行的外部监督。近年来，出现了大量检察机关针对文化遗产保护行政机关提起的行政公益诉讼案件。自2020年以来，最高人民检察院、最高人民法院和国家文物局连续三年联合发布《文物和文化遗产保护公益诉讼典型案例》，虽然文物和文化遗产保护不是我国现行《行政诉讼法》所规定的公益诉讼专门领域，但各地检察机关依据现有政策和法律对文化遗产保护工作进行探索，开展公益诉讼。比如福建省泉州市检察机关以助力"泉州：宋元中国的世界海洋商贸中心"申遗为契机，部署开展"古城文物保护"检察公益诉讼专项监督活动和"活态古城、生态泉州"公益检察活动，再如2019年苏州市吴中区人民检察院诉苏州市吴中区文化体育和旅游局案。[1] 与此同时，深入落实各级国家机关工作人员追责机制，有利于彰显法律法规的严肃性，并可以深刻发挥法律法规的保障作用。[2]

---

[1] 涉案文物保护单位韩世忠墓、碑所属韩蕲王祠后院空地被他人占用并进行违法建设，未依法履行文物保护监管法定职责，致使国家利益和社会公共利益受损，检察机关依法向被告苏州市吴中区文化体育和旅游局发出检察建议，被告收到检察建议书后在法定期限内仍未履职，故检察机关对吴中区文化体育和旅游局提起行政公益诉讼。

[2] 韦如梅. 城市治理中的公民参与：新加坡经验的中国借鉴[J]. 湖北社会科学, 2014 (08): 51-54.

第三章　公众参与文化遗产保护的实践现状与问题揭示

文化遗产是人民群众在生产、生活中创造并世代传承、发展的精神财富，是人民追求"美好生活"的愿望和智慧的结晶，是人民群众不断获得和增强"认同感""持续感"和文化自信的力量源泉。[①] 公众参与文化遗产保护与习近平同志提出的构建人类命运共同体这一理念相契合，构建人类命运共同体奉行的是"共同、综合、合作、可持续的新安全观"，文化遗产事业不能光靠政府的力量，还需要公民个人、社会组织、社区、企业等多元化主体的参与，文化遗产事业是一项政府与公众进行合作实践的伟大事业。而目前我国公众参与文化遗产保护实践究竟如何，其中揭示出怎样的法律问题是本章讨论的重点。

第一节　公众参与文化遗产保护现状概览

一、政府为公众参与文化遗产保护搭建平台

自党的十八大以来，习近平总书记高度重视文化遗产的保护以及传承工作，多次前往山西、陕西等文化遗产积淀丰厚省份考察调研，发表了一系列重要论述，作出了一系列重要指示批示。党的二十大报告中指出"要加强文物和文化遗产保护力度"，这一指示为我国文化遗产保护事业的发展明确了方向，对弘扬中华优秀传统文化、增强全民族文化自信具有重要意义。《非物质文化遗产法》明确规定了政府在非物质文化遗产保护中的主导地位，以法律的形式明确了各地政府传承和保护非物质文化遗产的责任。文化遗产的保护和

[①] 宋俊华.中国非物质文化遗产保护发展报告（2018）[M].北京：社会科学文献出版社，2018.3.

传承离不开政府积极履行其文化职能。就传承和保护文化遗产而言，政府履行的文化职能主要包括以下四个方面：为文化遗产保护提供规范支持、促进文化遗产保护体系化规范化、组织各类文化遗产宣传活动、坚持在保护文化遗产的基础上推动其创新性发展等。

第一，制定一系列文化遗产法律法规。我国已初步建立起较为完整的文化遗产保护法律体系，是以《文物保护法》和《非物质文化遗产法》为核心，以行政法规、部门规章、地方性法规以及国际公约等文件为细化补充，涉及行政法、刑法、民法以及知识产权法等多个部门法的规范体系。2013年以来，国家文物局与20多个部门联合出台80多份政策文件，113项国家文物保护和行业标准，31个省及新疆生产建设兵团出台文物保护利用改革实施意见，各地出台实施200多部地方性文物保护法规。①

第二，构建科学的文化遗产保护体系。近年来，国务院及有关部门深入贯彻落实中央决策部署，在文物保护和非物质文化遗产保护的方针指导下持续推动文化遗产工作往纵深方向发展，取得了显著成效。文化遗产工作体系已经基本形成，属地管理、分级负责的管理模式渐趋成熟，思路和理念更加清晰，法律法规和政策体系更加完善，保护利用传承发展水平不断提高，形成了中国经验；全社会关注程度极大提升，保护意识明显增强；文化遗产快速消失势头得到遏制，安全保障程度得到有效提升，重点文化遗产资源保护和传承状况明显改善，合理利用稳步推进。截至2022年末，全国共有各类文物机构11 340个，其中，文物保护管理机构2 663个，国有博物馆3 782个。全国文物机构从业人员19.03万人。全国文物机构藏品5 630.43万件，其中，博物馆文物藏品4 691.61万件/套。全国各类文物机构共举办陈列展览32 357个，其中，基本陈列17 399个，临时展览14 958个。文物系统各类场馆机构接待观众63 973万人次，其中未成年人16 004万人次。列入联合国教科文组织人类非物质文化遗产代表作名录（名册）项目42个，位居世界第一。全国共有非物质文化遗产保护机构2 425个，从业人员17 716人。全年全国各类非物质文化遗产保护机构共举办演出57 762场，举办民俗活动13 664次，举办展览18 107场。②

第三，开展丰富多彩的文化遗产宣传活动。为更好地传承历史文脉、弘扬中华优秀传统文化、提升文化自信，我国将每年6月份的第二个星期六调整设立为"文化和自然遗产日"，该举措有利于更好地将文化遗产保护事业融入国

---

① 文物事业十年成就：赓续文明根脉 筑牢自信根基［EB/OL］.国家文物局官网.2022-10-20/2022-10-20.

② 中华人民共和国文化和旅游部.2022年文化和旅游发展统计公报发布［J］.国家图书馆学刊，2023，32（04）：14.

家发展战略和百姓日常生活。文化和自然遗产日的设立以及大量文化遗产宣传活动的开展，为广大群众了解和保护文化遗产提供平台，有利于提升公众参与文化遗产保护的热情，有利于更好地传播中华文化。2023年文化和自然遗产日非遗宣传展示活动主题为"加强非遗系统性保护，促进可持续发展"。全国各地充分发挥地方特色优势，因地制宜举办了丰富多彩的非遗文化宣传活动，积极引导广大民众感受非遗美、共赴非遗游，使公众在体验非遗文化的过程中全方位、多角度、深入地感受非遗魅力。

第四，推动了文化遗产的创新性发展。一方面，赋予文化遗产新的时代内涵，以新技术、新方式使古老的文化遗产焕发新的生机与活力。非物质文化遗产的活态传承给文化遗产的保护与发展提供了新思路、新路径，不仅能使文化遗产通过传承的方式得以保护，还能带动更多公众参与其中，为乡村振兴注入新的动能。大力发展非遗经济，将非遗文化与脱贫相结合，以非遗文化为着力点拉动经济增长，带领贫困人口脱贫致富。文旅部2022年支持地方建设非遗工坊超过2 500所，覆盖450余个脱贫县和85个国家乡村振兴重点帮扶县，国家级非遗代表性项目1 557项，共有在世国家级非遗代表性传承人2 433名。[①]另一方面，政府大力支持并推动文化遗产保护和旅游业相结合，坚持走文旅融合的守正创新之路。以品味文化为核心，以旅游观光为载体，既保留非物质文化遗产的原生态和本真性，又通过旅游开发向外界宣传推广。我国各级政府积极推动文化遗产旅游的发展，通过开发文化遗产旅游线路、建设文化遗产旅游设施、加强旅游管理等措施，为公众身临其境地了解文化遗产、感悟中华文化提供了契机。促进文化遗产和旅游的深度融合，有助于满足人民群众的精神文化需求，有助于推动中华文化遗产的传承保护，有助于扩大中华文化的国际知名度和影响力。

二、公众多渠道参与文化遗产的宣传与保护

随着多种文化遗产宣传展示活动的举办，公众将拥有更多走近文化遗产、了解文化遗产以及参与文化遗产保护的机会。社会公众通过多种途径多种方式了解我国丰富多彩文化遗产，文化遗产保护氛围日益浓厚，文化遗产保护知识日益普及。

第一，公众了解文化遗产的渠道多样。《中国旅游报》在2022年11月23日第五版刊登的《2022年非物质文化遗产消费创新报告》显示，非遗文化直

[①] 中华人民共和国文化和旅游部. 2022年文化和旅游发展统计公报发布［J］. 国家图书馆学刊，2023，32（04）：14.

播、非遗文化类短视频、电商平台的展示、文博旅游等宣传方式都对非遗文化的传播有着较大的影响力。《非遗里的中国》《登场了！北京中轴线》等大型非遗文化类综艺向观众充分展示我国不同地域各具特色的文化魅力。《非遗里的中国》有较高的播放量，深受观众喜爱。前八期节目在央视频平台累计播放量超1 766.5万次，节目相关视频类新媒体平台累计点击量3.32亿次，相关微博阅读量累计29.1亿人次。第二，公众对文化遗产相关产品消费热情持续升温。《中国旅游报》在2022年11月23日第五版刊登的《2022年非物质文化遗产消费创新报告》显示，在非遗文化的消费方面，公众对非遗文化类产品有较高的消费热情，非遗文化消费者规模已经达到亿级，尤其北上广这些发达城市，广东省的非遗消费人次达到3 225万，北京市、上海市的年人均非遗消费额高达500元人民币。第三，公众参观文化遗产的兴趣增强。博物馆是我们了解发展历史的窗口，是与古人对话的媒介，是感受朝代更替与时代变迁的载体。世界各地博物馆陈列着令人惊叹的文化遗产，博物馆与文化遗产相互依赖、相互关照、相互辉映，共同展现了人类文明的历史发展及伟大创造。随着我国公共文化设施的不断完善以及公众满足精神文化需求的不断提升，"逛博物馆"已经成为社会新时尚，更多人走进博物馆并沉浸式感受文物所承载的厚重历史。据《中国文化报》2023年7月17日第4版刊登的《中华人民共和国文化和旅游部2022年文化和旅游发展统计公报》中"2012—2022年全国文物机构接待观众人次及未成年人观众人次"的统计图显示，除了受疫情影响的两年，文物机构参观人数有所下降，其余年份基本是逐年上升的态势，2019年文物机构接待成年人人数高达134 215万，未成年人人数高达31 654万。[1][2]

三、社区鼓励非遗文化传承

2020年，文化和旅游部拓展"非遗在社区"试点范围，支持在青岛、北京东城区、上海、温州、成都等地开展试点。社区是居民生活和城市社会治理的基本单元，由政府领导、社会组织协助、居民自治参与三方主体共建共享，其凝聚着社会力量、公众的意志与社区共识。社区不仅承担着行政职能，还承担着组织社区文化活动等公益服务功能。社区可以在鼓励公众参与文化遗产的传承和保护方面发挥积极作用，主要形式是为公众了解并参与文化遗产保护提供空间和平台。公众通过参与多种多样的文化遗产宣传活动，不仅能够对文化

---

[1] 2022非物质文化遗产消费创新报告［N］.中国旅游报，2022-11-23（005）.
[2] 中华人民共和国文化和旅游部2022年文化和旅游发展统计公报［N］.中国文化报，2023-07-17（004）.

遗产有更多的了解，还能够对社区开展的文化遗产宣传与保护工作产生认同感。公众自觉参与到文化遗产的宣传与保护实践中，既能在参与的过程中实现自我价值的肯定，又能促进社区集体意识的凝聚与更新。"文化遗产在社区"活动的开展有利于促进文化遗产与社区发展的双向互动，文化遗产所蕴含的感染力可增强社区居民对共同体的认同感和归属感，社区组织的文化遗产宣传活动也可以为文化遗产的保护提供强大助力，以文化遗产凝聚社区共识，以社区为媒介推动文化遗产的发展。文化遗产价值可成为推动社区发展的重要力量，文化遗产保护实践也可成为凝聚社区社群关系的重要方法。[①]

四川省成都市积极推进非遗文化项目和社区建设相融合，让非遗文化和非遗传承人走进社区，将非遗文化项目与社区的文化空间建设结合起来，对满足社区群众的精神文化需求和促进非物质文化遗产的保护与传承具有重要意义。2021年全年，成都市各区（市）县和市非遗文化中心共同开展"非遗在社区"展示、展演、培训等活动300余场，参与群众近15万人，邀请传承人数量约500余人次，涉及非遗项目近300个，媒体报道数量约150余次，取得了良好的社会效应。位于成都市青羊区的清源社区自2017年成立以来，通过在社区开展非物质文化遗产的宣传、表演、培训等活动，为非遗文化的传承和发展培育了良好的社群基础，打造了刺绣中心、龙门茶艺、同音琴社等5个非遗文化品牌项目。相关数据显示，社区每年开设蜀绣、古琴、长嘴壶入门等公益课程，年均受益群众近2000人次。[②] 社区居民在参与"非遗在社区"系列活动的过程中，自发成为文化遗产保护和传播的主体，提升了民众对中华优秀传统文化的认同感和自豪感，满足了人民的文化需求，增强了人民的文化自信，有利于在全社会形成保护传承非遗文化的浓厚氛围。

四、社会组织参与文化遗产保护

在社会团体参与非遗保护工作方面，各省市相继成立了非物质文化遗产保护协会，该类协会是在文化行政主管部门的指导和监督下，由从事或参与非物质文化遗产保护工作的企业、事业单位、团体和个人自愿结成的区域性、行业性、公益性的社会组织。非物质文化遗产协会的成立为社会各界提供了一个群策群力、展示交流、凝聚共识的平台，在整合文化遗产保护资源、协助文化行政主管部门开展保护工作以及动员公众参与文化遗产保护等方面发挥重要作

---

① 李耀武，田芳，车欣宴. 社区单元视角下的文化遗产保护研究——基于遗产价值与社区发展关系的探讨[J]. 建筑与文化，2020（10）：237-239.

② 吴雅婷. 非遗保护与传承：守护和扩大文化的光[N]. 成都日报，2023-06-07（008）.

用。这类组织是文化遗产保护工作中的重要支持力量,承担的职能具体包括:为非遗项目保护单位提供学术研究等指导工作和相关文献共享;为项目保护单位和传承人组织专业培训;为非遗项目、项目代表性传承人提供申报咨询指导、学术论证以及专业拍摄;对非遗项目进行国内外推广;提供非遗项目的决策咨询服务。① 该类组织的成立与发展有利于更好地增强文化遗产的活力和影响力,在团结各地区非物质文化遗产工作者、促进非遗保护工作的开展方面起到了积极作用。②

在保护文化遗产的实践工作中,因不同主体考虑问题的立场和依据不同,而导致在决策和执行过程中出现方案争议、沟通不畅等问题,阻碍文化遗产保护项目的顺利推进。社会组织的成立为地方政府与社会民众搭建了沟通协商的桥梁,承担上传下达的职能。一方面,行政部门发布政策文件并向社会公开后,社会组织向公众宣传和讲解政策意图并组织公众就文化遗产保护的政策方案进行讨论。另一方面,社会组织将公众的意见和建议整合后向政府提交,鼓励公众积极参与文化遗产保护,并在文化遗产保护的过程中充分反映公众的意见。文化遗产保护的社会组织具备专业知识与团队能力,针对规划方案及管理问题,及时解答社区居民存在的疑惑,并将居民诉求及时反馈给政府管理部门与开发商,监督政府加强规划方案的优化与完善。③

陕西省非物质文化遗产产业促进会从多维度推进产业发展,通过宣传、合作、推广等方式全方位展示陕西非遗魅力,为非遗文化产业寻找发展机遇。"促进会"通过开发特色的文创产品、畅通销售渠道等方式,打造陕西非遗文化的品牌,促进文化遗产的传承与保护。2020年,"促进会"深化非遗研究,提升非遗保护的理论水平,组织非遗专家开展非遗研学、调研、推介活动30余场次。为喜迎十四运,宣传三秦文化,开发剪纸、刺绣、皮影、泥塑等十余种非遗产品,成为特许产品,面向大舞台开拓大市场,做到社会效益和经济效益双丰收,开创陕西非遗宣传保护的新模式。④

---

① 文地. 非遗保护,在探索中前行——专访上海市非物质文化遗产保护协会会长高春明 [J]. 非遗传承研究,2021(04):4-6+22.
② 段友文,郑月. "后申遗时代"非物质文化遗产保护的社会参与 [J]. 文化遗产,2015(05):1-10+157.
③ 范郁郁. 地方历史文化遗产保护中的公众参与积极性研究 [J]. 文化产业,2022(33):142-144.
④ 杨旭民. 生产性保护是非遗生存发展的重要途径——对话陕西省非物质文化遗产产业促进会会长袁红 [J]. 新西部,2021(05):44-46.

第二节　公众参与文化遗产保护的法治推动因素

公众参与之所以具有价值与正当性，是因为我国在某些地方立法中规定了文化遗产公众参与的相关法条，且公众参与在实践中已具备一定的现实条件。

一、政府职能的转变

政府职能转变，是指国家行政机关在一定时期内，根据国家和社会发展的需要，对其应担负的职责和所发挥的功能、作用的范围、内容、方式的转移与变化。政府职能转变的必然性，是由影响政府职能的诸多因素所决定的。包括管理职权、职责的改变（对哪些事物负有管理权责，管什么，管多宽，管到什么程度），管理角色（主角、配角等）的转换，管理手段、方法及其模式的转变等。政府职能转变与时代需求密切相关，既是行政体制改革的需要，也是社会变化和社会整体发展的需要。

（一）由"社会管理"向"社会治理"的转变为公众参与提供契机

社会治理是国家政治、经济、文化和社会全面建设的重要环节。自党的十八大以来，国家治理体系和治理能力现代化水平大幅度提升。文化遗产事业是国家治理体系的一个组成部分，必须坚持党的领导，发挥政府的主导作用，充分调动人民团体、基层自治组织、社会组织、企事业单位的协调作用，广泛动员和组织人民群众依法有序地参与文化遗产保护与利用活动。党的十八大报告明确提出，要加快构建"党委领导、政府负责、社会协同、社会参与、法治保障"的"五位一体"的社会治理体系，为我们的文化遗产保护提供了新的思路，其中，我们经历了从"以政府为中心"的治理方式转向"以人为本"的社会治理结构的变革。

在政府和非政府组织共同治理的社会合作治理体制中，主体包括政府和社区、非营利组织。在前文我们阐述了非营利组织具有组织性、非营利性、自治性和自愿性等特点。文化遗产事业包罗万象，任何一个机构，包括相对强大的政府，都不具备能够独立地解决所有文化遗产公共事务和公共问题的能力。只有政府和非政府组织、企业、公民个人等多方主体通过资源共享、知识共享、互通有无、相互补充，才能使文化遗产事业治理得到有效创新，从而使不同社会主体在良性互动中不断提高社会治理的能力和水平。

（二）政府职能转变拓宽公众参与的空间

随着中央提出加强国家管理和推进国家治理现代化建设的号召，我国政府职能实现重大转变，从"全面"政府走向"服务"政府。

在转变进程中，从一开始国家政府完全掌控社会治理到在一些社会治理领域国家政府间接性参与；在国家治理现代化的大环境下，政府更多地以"服务者"和"合伙人"的身份出现，打破了旧体制对营利组织、非营利组织以及公民个人的束缚，使整个社会和市场经济更具生机；而我国作为政府供给系统红利的国家，则必须通过政府出台宏观的政策来保障我国的发展。由此，政府与社会之间，从初始的"零社会"，即政府强大，社会组织弱势，再到如今的政府与社会均具有双重力量，当企业与社会团体的力量开始膨胀并逐渐发展为社会治理的主导力量时，政府更多地扮演着社会治理参与各方主体的协调者的角色；在现代社会的多元化治理体制中，一方面要加强政府自律，防止权力过大；另一方面，政府也不能彻底地置身事外，放任各个社会成员无序发展。在整个制度中，还是要由国家政府来引导。

政府职能的转变，促使公众能够更广泛地参与和文化遗产事业相关的社会治理活动。然而，"要是人类打算文明下去或走向文明，那就要使结社的艺术随着身份平等的扩大而正比地发展和完善。"[1] 个体的力量是脆弱的，这就使得普通公民在实现文化遗产保护与利用的公共目标时，需要集中个体的力量，以组织的方式参与文化遗产保护利用公共事项，在参与公共事项的过程中表现个人的意愿，维护自己的权利。而非营利组织能够充分地反映和表达公民的意愿，鼓励公民维护自己的合法权利，参与对政策的监督和评价，培养民间沟通和自我管理的方法和技能，培养公民的平等互助意识，增进公民间的信任和了解，推动公民社会的发展和成熟。[2] 在实施文化遗产事业公共目的的过程中，不论是推动整个文化遗产事业体系协调运作，抑或组织、协调、监督文化遗产保护中的各方参与主体，都需要政府与公众共同努力。

二、公众参与文化遗产的法律意识的觉醒

联合国教科文组织于 2003 年 10 月召开的第 32 届大会上通过的《保护非物质文化遗产公约》中提到了一点，即社区、居民是保护非物质文化遗产的主体。也就是说，社区和居民在非物质文化遗产的传承、保护与宣传方面应当

---

[1] [法] 托克维尔. 论美国的民主 [M]. 董果良译. 北京：商务印书馆，2019. 701.
[2] 张康之. 论参与治理、社会自治与合作治理 [J]. 行政论坛，2008（06）：1-6.

发挥其应有的作用，然而我国很多非遗传承人一味地向政府提要求，却忽视发挥其个人的重要作用。近年来出现了一个很好的趋势，即公众、社区成员、非物质文化遗产传承人采取实际行动保护自身的商业权利，如学者做田野调查时，非遗的社区成员会强调报酬，在依据非遗产生的出版物发行获利后，相关社区成员和传承人也会主动索要报酬。这既符合现有国际人权文件的精神，也符合相互尊重的需要，符合可持续发展的需要，符合文化多样性的需要。

（一）公众参与意识积聚公众参与文化遗产保护的社会心理基础

随着国家文化遗产保护力度的加大，公众参与文化遗产保护的渠道不断拓宽，公众对文化遗产权益的关注程度日益提高，公众文化遗产保护意识已然觉醒。以国家统计局和国家文物局在各自官网发布的关于公众参与情况为依据，可见公众对参与文化遗产保护意识的增强。在公众参与文化遗产宣传活动方面，宁波博物馆开展"文化遗产与公众参与"国际培训班；陕西省青少年模拟考古实践基地，打造集知识性、趣味性于一体的公众参与体验项目；重庆红岩革命历史博物馆开展党性教育精品课程现场教学比赛活动，面向公众开放，请公众参与评价；四川省江油市李白纪念馆开展纪念"5·18"国际博物馆日系列活动。在征求公众立法意见方面，《文物保护法》《非物质文化遗产法》修改，《历史文化遗产保护法》制定均列入十四届全国人大常委会立法规划，[①]国家文物局于2020年向社会公开征求《中华人民共和国文物保护法（修订草案）》意见；河北省文物局于2021年向公众征集《河北省大运河文化遗产保护利用条例》（征求意见稿）的意见建议。总之，公众是文化遗产保护最重要的行为主体，要实现公众对文化遗产的保护，就要从根本上推动文化遗产保护的现代化。只有提高对文化遗产保护的认识，才能推动公众自觉地投身到文化遗产保护事业中去。

（二）公众参与意识推动公众参与文化遗产保护的进一步发展

公众参与意识的增强，无形中助推文化遗产保护。公众逐步将自身诉求融入文化遗产保护过程中，并在文化遗产保护中发挥日益重要作用。我国出现了诸多典型案例，例如，浙江省兰溪市诸葛村自1986年起就开展自发筹款活动，修缮大公堂，并成立修缮大公堂委员会。此次修缮激起了当地居民对文化遗产保护的自觉性，且诸葛村自发创建文物保护单位，成立文物旅游管理处，成立旅游开发公司，在不依靠外部资金的情况下，修复了四万多平方米的古建筑，

---

① 新华社官网. 十四届全国人大常委会立法规划［EB/OL］. 2023-09-07.

解决了村民就业问题，提高了村民生活质量。此外，诸葛村所有历史建筑古民居的维护修缮事项必须由村民委员会通过，本村全体村民都参与到这一严格且合理的历史遗产保护程序中，诸葛村的文化遗产保护公众参与模式值得我们借鉴。

我们再以江苏省扬州市为例。扬州市政府于 2002 年就扬州老城开展一项为期 5 年的区域规划，目的在于增强扬州老城的活力。该合作项目涉及研究、实施、管理扬州本地文化遗产中的各环节，均由扬州市当地街道、居委会、古城办等单位联合实施，并根据居民的实际参与情况，制定出相应的规划，并对其进行优化。在规划实施前，政府通过互联网及传统媒介，向民众提供有关计划与保护的资讯，并发放问卷及抽样调查，以了解民众的真实需要。召开多个公开或半公开的会议，确保各方利益的协调，对每一处的文化遗产现实状况进行深刻了解，从而促进了从下至上的保护与规划的顺利实施，也强化了居民区的建设与周围文化遗产环境相融合，提高了整个城市的文化品位和居住品质。

结合诸葛村和扬州旧城改造的成功案例，不难看出，通过公众的广泛参与，将会极大地影响政府和决策者的文化遗产保护行为。在文化遗产保护过程中，行政机关可以依托公众的广泛参与，及时调整文化遗产保护的政策及措施，有效提升自身治理水平，不断推进治理现代化，共同保护人类文明。

三、文化遗产所在地城市和乡村社区的功能加强

文化遗产的保护传承是一项全民参与的系统性工作，参与者可分为村民和城市居民两类。我国文化遗产保护事业普遍坚持以人为本，政府管理与社会参与、社区营造协同相结合的理念。从乡村振兴和城市社区建设两部分探讨社会力量参与，发挥乡村和社区在文化遗产保护传承中的基础性作用。应以乡村和社区发展为契机、活化利用文化遗产，建立起利益相关者协调机制。作为最"接地气"的学问，文化遗产研究不该将研究对象仅限于固守传统，而应通过文化遗产保护探究如何将传统文化惠及现代社区建设和普通人的日常生活。①

现代城市和乡村社区功能的加强对文化遗产保护也大有裨益。尤其，在抑制与阻碍文化遗产商业过度开发方面，社区起到了应有的作用。一些国际公约，如《保护非物质文化遗产公约》，提出了企业责任，即企业不得对相关社区、群体和个人的知识技能盗用或者滥用，不得将危及相关非物质文化遗产的项目过度商业化或不可持续地进行旅游开发。一些国际公约赋予社区阻止过度

---

① [日] 中村贵. 日本民俗学研究流变：将目光从"民俗"投向"人"原创 [EB/OL]. 社会科学报微信公众号. 2021-04-07.

开发文化遗产的权利与职责。《保护非物质文化遗产公约》就明文规定社区对文化遗产商业开发的审查与评估责任："社区、群体及地方的、国家的和跨国组织还有个人，对可能影响到非物质文化遗产的存续力或实践该遗产的社区的任何行动直接和间接、短期和长期、潜在和明显的影响都应仔细评估。"《保护非物质文化遗产公约》也规定了在文化遗产商业滥用破坏式开发的高风险的情况下，对非物质文化遗产构成的威胁，对非物质文化遗产的去语境化、商品化及歪曲，社区拥有决定怎样防止和减缓以上威胁的权利与职责。

在文物修复方面，社区也发挥了其应有的作用。2019 年，巴黎圣母院和冲绳首里城的两场火灾成为遗产界发人深省的重大事件。国际古迹遗址理事会（ICOMOS）原主席河野俊行提出了社区参与对于巴黎圣母院、日本冲绳县首里城修复后是否还能够保持其原真性重要性的问题。巴黎圣母院兴建于欧洲中世纪，无论是建造工具和材料，还是建造技术、木匠技艺，对火灾修复后的大教堂真实性都至关重要。面对社会渴望"重现巴黎圣母院辉煌"的舆论意见，河野俊行同巴黎市政府策划了一个虚拟展览，在这个展览中，将巴黎圣母院和日本冲绳县首里城的相关信息发布出来，向公众传播遗产修复和重建的知识。该展览在介绍巴黎圣母院和日本冲绳县首里城文物建筑历史沿革的基础上，诠释了东西方不同的文物修复理念，而在这些理念中都反复强调了社区参与的重要性。河野俊行强调：灾后的遗产重建属于地方社区重建的重要组成部分，公众应参与到重建过程中。仅由专家关起门来讨论是不够的，要赢得社区和公众的理解和支持，就要向社区和公众传播这些理念。①

四、文化遗产保护公益组织兴起

（一）以组织化形式克服公众个体参与的无序

文化遗产保护公益组织在公众参与文化遗产保护中，扮演着整合者、协调者、服务者等多重角色，克服公众个体参与的无序。

首先，文化遗产保护组织在公众参与文化遗产保护中扮演着"整合者"的角色。文化遗产保护公益组织发挥着整合功能，促进了公民参与的扩大和有序进行。所谓社会组织的整合功能，是指"单个的公民组织起来，通过各种规章制度约束，使组织成员的活动由无序状态变为有序状态"。② 文化遗产保

---

① ［日］河野俊行. 东西方两场文物建筑火灾引发关于遗产真实性的思考［EB/OL］. 国际遗产观察公众号. 2022-10-22.
② 王圣诵，王兆刚. 基层民主制度研究［M］. 北京：人民出版社，2012. 51.

护公益机构组织公民参与文化遗产保护的过程中,要协调内部成员的矛盾,整合不同的利益诉求。文化遗产保护公益机构的整合作用,不仅能够使得公民有效参与,而且保证了参与的实效性。

其次,公益机构在公众参与文化遗产保护事业中扮演着"协调者"的角色。文化遗产保护公益机构在公众参与文化遗产保护过程中,通过座谈会等形式将公众利益诉求传达给政府。一方面,座谈会直接反映公众利益诉求;另一方面,这类活动又能将政府决策向公众进行传达。文化遗产保护公益组织发挥政府与公众之间"桥梁"以及"纽带"的作用,推动公众参与的有序性。

最后,文化遗产保护公益组织在公众参与文化遗产保护事业中扮演着"服务者"的角色。在公众参与文化遗产保护中,公众利益诉求多元化、复杂化,矛盾重重。此时,需要具有"非利益性""非政府性"的"服务者",文化遗产保护公益组织应运而生。文化遗产保护组织通过协商、对话等方式,将利益冲突控制到一定范围内,使公众参与文化遗产保护有序进行。

(二)以集中表达机制克服公众个体参与的分散

个人行为是由个人利益驱动的,个人利益是分散的,当公民只追求个人的利益时,不能汇集成公共利益,则难以为国家所认可和支持。实践表明,当个人单独的利益变成多人的集体利益,与社会公益契合度高,往往会得到政府较高的支持与认同。[①] 而建立文化遗产保护公益机构是个人表达文化遗产保护诉求,可能转化成为多人集体利益的最佳实现方式。文化遗产保护公益组织的目的是维护文化遗产的公共利益,而文化遗产的公共利益恰恰是多个个人利益的交汇点。文化遗产保护公益组织以公共利益为基础,将社会大众的利益诉求统一起来,引导社会大众参与到文化遗产保护中去,由利己为出发点的个人行动转向利他同时利己的集体行动。而高度集中的诉求,则是将民众利益整合的诉求,由文化遗产公益组织传达给政府,更加直接、清晰,更容易被政府接受。

随着公民文化遗产保护意识的提高,公众参与保护日益重要,我们的传统公众参与无疑属于一种由政府主导的参与方式,公众参与属于一种消极的参与方式。文化遗产保护机构的诞生,打破了传统的"自上而下"的参与方式,由政府的"自上而下"的领导和公民的"自下而上"的参与,使民众能够有效地参与到文化遗产保护的活动中,并对其进行监督、评价,从而增强文化遗产保护公众的参与性。

[①] 高丽. 行动者与空间生产:社会组织参与城市社区绿色治理何以可能——以W组织为例[J]. 社会工作与管理, 2019, 19 (03): 23-31.

第三节　公众参与文化遗产保护的问题揭示

文化遗产保护是一个复杂而长期的过程,需要政府、专业机构、志愿者和公众的共同努力。公众参与文化遗产保护可以提高保护意识,加强文化遗产的价值认知,促进文化遗产的可持续保护和管理。但在实践中,也存在一些问题。

一、政府公共文化服务的完善所带来的公众自主性降低

政府在文化遗产的传承与保护实践中发挥主导作用,全方位、多层次、宽领域地推进文化遗产的宣传与保护,承担了从组织遗产调查、确定遗产名录到负责遗产保护与传承的几乎所有职能,为文化遗产保护提供了大量的支持。以"政府主导、社会参与"的实践模式对于推进文化遗产保护体系的构建以及文化遗产的传承与利用发挥不可或缺的作用。这一模式的实施提高了文化遗产保护的效率,但也产生了公众积极性不高、文化遗产保护的社会基础缺乏、不具有可持续性等问题。政府对文化遗产保护的大包大揽,不但加大了政府的负担,还容易让公众产生依赖心理。公众一味依赖政府,认为文化遗产保护只由政府负责,个人力量弱小不足以影响文化遗产的保护。由此导致,一方面政府对保护工作投入大量资源,另一方面文化遗产的传承效果不尽如人意。

政府大力度推进文化遗产的保护与开发,而地方民众的意识和利益没有得到足够的重视,从而导致文化遗产所有者对文化遗产保护的无知和冷漠。文化遗产保护针对不同主体具有不同的价值属性。对国家而言,文化遗产保护具有承载中华文化脉络的责任价值;对历史学、文化学等学术领域的学者而言,文化遗产具有学术研究的价值;对生活在文化遗产范围内的居民而言,文化遗产还具有基本的生活属性,文化遗产与他们的生产生活方式以及传统文化都是息息相关的,生活属性是最根本的,在满足其生活条件的基础上才会去更多考虑文化遗产所具有的文化传承价值。在文化遗产保护利用的过程中,过度强调对文化价值的保护而忽略居民的利益和诉求,不但难以调动居民参与文化遗产保护的积极性,甚至会因利益冲突发生纠纷。由于我国实施的是自上而下的文化遗产保护模式,政府在文化遗产保护中拥有强势地位,缺乏相应的协商、沟通

与监督机制，民众处于被动参与甚至漠视抵触的状态。[①] 以陕西省佛坪厅故城遗址的保护为例，村民在日常生活中对于秦岭文化遗产保护的态度较为消极，认为保护不仅没有给他们带来经济效益，还增加了很多条框束缚。[②] 政府主导型的文化遗产保护，需要关注与文化遗产关系最为密切的居民的利益与诉求，才能更好地调动居民参与文化遗产保护的积极性。文化遗产的保护和传承，不能仅靠政府管理部门和专业的文化遗产保护机构，更需要充分调动社会公众的积极性和自觉性。在文化遗产的保护实践中，生活在文化遗产范围内的居民应该成为文化遗产保护与利用的受益者，让居民在文化遗产保护中受益，使其可以主人翁的地位平等参与文化遗产保护。

在现代社会里，政府应是服务型政府而非万能政府，在文化遗产的保护方面，政府应当着眼于文化遗产保护中宏观事务的监督与管理，同时将微观事务的管理权交由生活在文化遗产范围内的居民自我管理、自我决策。政府的职责是做好引导和服务，为文化遗产保护事业打造促进公益、增进服务的平台，将社会力量凝聚成文化遗产保护的合力。一方面政府要作为一个积极引导者，制定合理的保护政策，组织开展文化遗产宣传活动，增进民众对文化遗产的保护意识，激发群众的积极性，使文化遗产保护和非遗的传承具有深厚的群众基础。[③] 另一方面，政府应在推进文化遗产的宣传与保护的过程中，充分了解文化遗产在民众生活中的重要性，充分尊重民间的习惯和意愿，充分考虑民众的利益与诉求，释放民众自发参与的热情。公民是文化遗产保护的重要主体，公众的积极参与对文化遗产的保护以及可持续发展具有非常重要的意义。在政府引导、社会组织参与下，公民以主人翁精神积极参与到保护开发实践中，形成政府、社会组织良性互动格局，共同促进文化遗产保护与发展。

二、公众权利意识欠缺

文化遗产保护需要多方主体通力合作，需要社会力量的共同参与。激发社会公众对于文化遗产保护的热情不仅需要政策引导，更需要明确多方主体的权利与义务、理清权利边界、充分保障公众的权利。社会力量参与文化遗产保护，必然要明确并保障文化遗产保护参与者的知情权、财产权和监督权等权

[①] 黄涛. 近年来非物质文化遗产保护工作中政府角色的定位偏误与矫正 [J]. 文化遗产, 2013 (03): 8-14.

[②] 周方. 秦岭文化遗产整体性保护对策研究 [J]. 陕西行政学院学报, 2022, 36 (01): 102-107.

[③] 段友文, 郑月. "后申遗时代"非物质文化遗产保护的社会参与 [J]. 文化遗产, 2015 (05): 1-10+157.

利。目前在文化遗产保护实践中,仍存在着公权利与私权利界限不清、权利保障不到位、权利行使存在冲突等问题,这些问题严重消磨了公众参与文化遗产保护的热情和积极性,使文化遗产保护缺乏内生动力。

(一) 文化遗产保护中的公众权利

公民知情权的实现是其参与文化遗产保护的前提和基础,公民只有了解文化遗产保护现状和规划,才能更好地参与保护的决策与实施。在知情权保障方面,存在政府针对文化遗产信息公布不及时、公开不明确以及公民获取信息渠道单一等问题亟待解决。首先,我国文化遗产分级属地化的管理模式导致政府对文化遗产信息公开的程度较低且不及时,仅仅依靠政府主动公开的信息难以满足公众知情权的需要。其次,文化遗产保护信息公开标准不明确,而相关政策文件是否公开、公开的方式和范围往往由行政部门决定。最后,公众对文化遗产保护信息的了解途径主要来源于政府的信息公开,公众想要了解更多地区的文化遗产信息就不得不付出大量的时间和经济成本进行实地考察,付出的信息成本较高。保障公众的知情权,首先就是要将信息公开化。[①] 推进信息公开化,不仅要将文化遗产保护的相关事项向社会公众告知,更重要的是保障生活在文化遗产保护范围内的居民的知情权。在文化遗产开发利用过程中,应将文化遗产保护项目实施方案及利益归属等与居民息息相关的事项明确及时告知居民,在充分保障其知情权的基础上推进文化遗产开发与利用。

在文化遗产开发的过程中,存在着财产权属不明晰、使用权和管理维护权分离、为保护公共利益而忽略私人利益的情形。由于文化遗产资源公益和私益的界限不明晰,在对文化遗产开发的过程中不同的主体会有不同的利益主张,若不对文化遗产的公私权在政策制度上进行界定,就可能产生财产纠纷及其他社会风险,阻碍文化遗产的保护与开发。发展文化遗产旅游项目,一般是在政府的监督引导下,将文化遗产以及周围环境作为一个整体交由旅游企业进行开发管理。在文化遗产范围内的居民的房屋、院落等多数是私人财产,居民对自己财产的支配与使用都要接受开发企业的统一管理。在陕西省佛坪厅故城遗址的保护开发过程中,按照《文物保护法》和《陕西省文物保护条例》的规定,在故城保护范围内进行修房、修路需经过文物主管部门批准,且建筑需与周围环境风貌保持一致。这些规划措施有利于促进文化遗产整体环境的和谐统一,对文化遗产的保护以及利用具有很大益处。但村民们对于修缮自家房屋、门前

---

① 马洪雨. 非物质文化遗产保护公众参与的法律制度构建 [J]. 甘肃政法学院学报, 2007 (01): 153-157.

道路还要经过政府批准则颇为不解。对文化遗产进行保护和利用是为了更好地保护公共利益，但不能因此忽略了村民的私权。①

由于传统行政体制的影响，公众往往被动接受政府部门的权威表达。在缺乏公众参与的情况下，政府难以了解到公众利益诉求，从而无法提供有效的公共服务。而且由于公众参与的缺失，对政府的服务供给也缺少真实中肯的评价，无法构建起完善公众监督系统，不利于政府提升其公共服务的品质。②公众参与可以对政府保护文化遗产的工作起到强有力的监督作用，有利于提高政府的决策科学性和对文化遗产的保护能力。文化遗产保护与利用息息相关，政府在文化遗产保护过程中难以将每一项决策和措施做得面面俱到，而公众参与可以对政府的决策起到补充和监督作用，有利于提高政府行政行为的透明化。公众参与文化遗产保护可以拓展政府的信息来源，有利于提高政府的决策能力，降低决策成本，减少决策失误。

（二）权利冲突

文化遗产保护中的权利冲突，是指不同的主体基于不同的利益诉求行使自己的权利，一方权利的实现会限制另一方的权利，导致权利行使产生纠纷和矛盾，包括不同公共利益的冲突，私人主体之间权利的冲突以及公共利益与私人利益的冲突。权利冲突的具体表现有以下几种：第一，文化遗产参与权与财产权之间的冲突，这一权利冲突表现在生活于文化遗产范围内的居民对自己房屋的修缮、拆除、新建等处分权受到限制。特定文化遗产的所有权人在行使权利时受到《文物保护法》等法律的限制。我国《文物保护法》明确了对文物进行保护和修缮要坚持"不改变文物原状"的原则。在这个意义上，公众出于维护公共利益的需要而参与文化遗产的保护，不得不让渡一部分个人权利，公众的参与权限制了私权主体财产权的行使，两种权利之间产生冲突。第二，文化遗产管理权与文化发展权之间的冲突，主要表现在政府部门想要维系当地传统的建筑民俗、文化风貌，但却妨碍了村民想要改善自身生活条件以及发展生产生活的意愿。第三，不同主体之间文化遗产财产权的冲突，主要表现在进行旅游开发的企业可以基于文化遗产经营权与所有权分离，从开发文化遗产资源的项目中获益，而与文化遗产密切相关的公众难以从文化遗产的所有权和使用权中获益。因此，在文化遗产的保护与开发过程中，存在着权利主体范围界定不清导致相关主体文化财产权受损的情形。实践中发生的此类纠纷不仅体现在

---

① 杨正文. 民族村寨的文化遗产保护与资源开发风险 [J]. 遗产, 2021 (01): 25-57.
② 石艺玮. 苏州非遗传承中的政府作用探究 [D]. 苏州大学, 2022. 32.

国与国之间、民族与民族之间，还体现在不同群体、社区之间。①

三、文化遗产保护与地方经济发展难以兼顾

历史文化遗产保护应当与经济发展相互促进，经济的高质量发展可以更好地为文化遗产保护提供资源支持和技术支持，保护传承历史文化遗产，可以为经济发展提供精神文化支撑。所以，文化遗产的保护必须处理好与地方经济发展的关系，在促进文化遗产可持续发展的同时带动地方经济发展。促进文化遗产与旅游相结合、发展非遗经济都是以文化遗产为着力点带动地方经济的有益尝试，对文化遗产保护和发展均具有重要意义。当文化遗产保护与地区经济发展发生冲突时，经济发展带来的红利可能会让民众选择牺牲文化遗产的文化与历史价值，出现破坏性开发以及过度商业化的问题。当商业化运营模式介入文化遗产保护时，以经济利益为导向所带来的负面效应会破坏文化遗产保护的本真性和独特性，阻碍文化遗产的保护与传承。

文化遗产可持续发展的基本要求是在保留文化遗产本真性的基础上进行合理的开发和利用。在推进文化遗产项目与旅游经济相结合的过程中，把握好文化遗产商业化开发的尺度，尽可能地避免文化产业发展对文化遗产保护效益的腐蚀和消解。政府负有在发展地方经济的同时保护文化遗产的重要责任，一味追求经济发展而忽略文化遗产保护会使文化遗产造成不可挽回的损失。某些相关的政府主管部门不对文化遗产的保护和发展进行科学规划，以经济发展为目标导向而忽视了文化遗产的保护质量，导致部分文化遗产在保护和开发的过程中遭到"建设性破坏"。文化遗产所在地的政府为了发展地方经济，没有严格落实对旅游企业的监督管理责任，导致在经济发展的过程中给文化遗产造成不可逆的破坏。开发主体在对文化遗产进行开发的过程中，过度追求文化遗产开发的利益最大化，而忽视了文化遗产所具有的文化内涵以及文化传承价值。开发主体以提高利润为目标和宗旨，过度消解文化遗产中所蕴含的文化元素，把文化遗产标签化、消费化。因对文化遗产的内涵和原生环境缺乏了解和重视，开发主体在开发的过程中对原生文化随意曲解、断章取义，以产品构建的方式对文化遗产进行宣传包装，不利于文化遗产的传承与发展。在商业经营中，一味迎合市场和受众，致使被开发的文化遗产逐渐丧失其原真性、神圣感，沦落

---

① 周真刚，胡曼. 试析文化遗产保护中的权利冲突——以贵州安顺天龙屯堡、云峰屯堡为例[J]. 民族研究，2018（03）：15-26+123.

为商业化的牺牲品。① 以丽江古城的开发保护为例，当地居民的日常民俗因为大量旅游者的涌入而出现被过度商业化的问题，古城大批居民为了将房院腾空出租给外来商人而搬离古城。他们在搬走家当的同时，也搬走了在城中存活了千百年的活态民俗文化。②

随着近年来，我国对文化遗产知识的宣传和普及，人们对文化遗产的重视已经有了较大提升，在很多人心中，申遗甚至与申奥同样重要。文化遗产因此而成为一种招牌，只要能得到"文化遗产"这个头衔，无论什么东西都能身价倍增。因此，很多地方都出现了一种情况，那就是竞相开发文化遗产、竞相申遗等。有些人为了达到这个目的，甚至根本不考虑文化遗产保护的方式、水平和效果，盲目地追求上项目、挂牌子、进目录，这样的做法很容易使得行政决策受到影响，让行政决策短视化。暂且不论实际上报假遗产的情况有多少种，即便是真遗产，也会面临"拥堵"申报的情况。并且在申报之后，如果这些文化遗产没有商业价值，或是无法为营利机构提供宣传效应，那么其便会被无情地抛弃，再无人问津。而如果这些文化遗产能够产生利润，就会被过度开发，直到枯竭。③ 对于国人来说，忘记历史就等于背叛，但是在现实生活当中，对文化遗产的欺骗性申报和过度性开发，本身就是在将我们与历史的联系隔绝开来。④

最近二十年，文化遗产保护虽然受到了更多的重视，但是随之而来的一些奇怪现象也在慢慢发酵，现如今对于究竟要如何保护文化遗产，需要进一步思考，并且在现有的基础上进行调整。在前十年，国家做的可能是将文化遗产从推土机上拯救下来，后十年则是发挥出文化遗产最高的经济效益，而未来十年，国家亟须做的，便是扭转以申报为中心的思维，将其变成以保护为中心。未来十年至关重要，这一步的迈出，意味着文化遗产的保护将要打破政府一元化的传统，走向多元时代，让公众同样享有话语权。

事实上，公众参与文化遗产保护的原则，早就已经在我国《非物质文化遗产法》等诸多法律文件当中被确立，但是确立并不等于执行，在现实社会当中，社会公众对于文化遗产保护的认知始终处于缺失或者是边缘的状态。在文化遗产保护的立项、设计、评审等一系列工作流程当中，政府始终掌握着绝对的权力，不管是决策还是执行都没有给公众留下参与的空间，最多是口头支

---

① 周朔. 中国式现代化进程中非物质文化遗产保护的理论思考 [J]. 文化遗产, 2023 (03): 9-15.
② 杨正文. 民族村寨的文化遗产保护与资源开发风险 [J]. 遗产, 2021 (01): 25-57.
③ 朱兵. 我国文化遗产保护法律体系的建构 [J]. 中国人民大学学报, 2011, 25 (02): 2-9.
④ 高小康. 非物质文化遗产保护是否只能临终关怀 [J]. 探索与争鸣, 2007 (7): 61-65.

持和鼓励一下公众参与，但是却没有任何的实际行动。① 所以，专家御用化、群众边缘化、舆论空心化，在很长一段时间里都是文化遗产保护过程中常见的一种现象。这种现象之所以产生，归根结底是社会发展的必然，而不是政府部门单方面造成的。因为退一万步讲，即使按照最严格的标准，在文化遗产保护法治尚未建立的时代，政府部门萌生了文化遗产开发和保护的想法与勇气，也是对国家的巨大贡献，这为后来发展奠定了基础，让公众意识到如何更好地保护文化遗产。

所以，用现在的眼光去衡量曾经政府做的是否正确是有失公允的，只能说，因为世界瞬息万变，在观念进步和更新之后，现如今，政府包办文化遗产保护的这一做法已经不再具备可持续性，其在实施过程中存在的一些弊端，比如说执行虎头蛇尾，监督力度不够，决策不能服众等，必须通过做出改变、引入更加切实有效的公众参与机制来弥补。

自改革开放以来，我国经济持续发展，加速了工业化和城市化进程，给文化遗产带来了巨大冲击。特别是旧城改造，破坏了许多宝贵的历史建筑，这些损失都是难以估量的。如何在建设现代化城市的同时保护历史文化古城成为一个重要的问题。随着城市化进程的持续推进，人们对城市建设的文化个性逐渐忽视，历史文化遗产遭到破坏，古城景观系统逐渐消失，许多历史遗迹处于系统性受损、标志物缺失、古城肌理模糊、城市传统被逐渐淡忘的状态。如果我们丢失了历史文化财产，我们将失去的不仅仅是历史文化本身，更将会引发民族精神缺失的问题。保护文化遗产体现了国家的民族精神，也是对世界文明的传承，它关乎人类共同体的大事，必须从现在开始保护历史文化遗产。综上所述，我们应该在建设现代化城市的同时保护历史文化古城，我们应该重视历史文化遗产的重要性，采取有效的措施保护它们。只有通过这样的行动，我们才能维护我国的民族精神和人类文明的传承。

四、公众参与文化遗产保护的立法现状及不足

我国文化遗产保护立法体系主要包括文物保护、非物质文化遗产传承保护等法律、法规。1982年我国首次颁布文物保护方面的法律，即《中华人民共和国文物保护法》，后历经了五次修订，最近一次修订是在2017年。与此同时，地方性法律法规也发展迅速，各个省市、地区根据地方实际情况，制定并颁布了有关地方性法律法规，从法律层面提供了对文化遗产保护的支持。我国

---

① 杨颉慧. 社会公众参与文化遗产保护的困境及路径 [J]. 殷都学刊，2014，35 (3)：116-118.

加入的相关国际条约逐渐增多，加入的国际条约主要包括《保护世界文化和自然遗产公约》《世界遗产公约》。

我国基本已经形成了文化遗产保护立法体系，但仍然存在诸多不足之处：(1) 文化遗产立法体系缺乏系统性。国家和地方立法相结合的方式是被我国主要采取的方式，但是存在着诸如国家立法层面缺乏统一的高层次立法、各部门立法缺乏相互配合、互相推脱责任的问题。这些问题最终导致形成我国的文化遗产保护法律规定较为分散的现状，无法形成协调性良好的立法体系。文化遗产保护的实际效果因立法体系的分裂受到严重影响。(2) 文化遗产保护立法内容不全面。通过比对可以发现，文物的范围要小于文化遗产的范围，然而我国的法律保护体系是以文物保护为核心形成的，所以该体系难以将所有的文化遗产纳入保护之列，法律保护立法内容不够全面。因此，我国充实完善相关立法变得非常重要。(3) 立法内容不确定，过于简略。制定原则性规定是被文化遗产保护立法广泛采用的立法模式，其缺乏具体的操作规范，在实践中难以得到实施。具体执法程序的缺乏导致难以依法追究责任。(4) 管理体制不统一，保护管理方式行政性强。文化遗产保护实行多部门分级管理体制，多个部门涉及其中，难以界定各主体的权限范围。综合以上所述可以发现，在法律定位上，保护管理主体的多元化导致有效保护文化遗产的主体缺失；法律内容上，保护内容制定的不全面导致文化遗产保护无法可依；法律制裁上，以事后责任为主的责任承担方式导致文化遗产保护存在滞后性。

当前我国主要依靠行政手段来实现对文化遗产的保护和救济，但是政府在实施保护措施时，易受到政治、经济等多种因素的制约，难以全方位保护文化遗产，所以我们不能完全靠政府的政策，还必须引入第三方来保障公益权利。文化遗产保护是一项社会活动，现阶段文化遗产保护情况并不乐观，这需要社会各界的整体力量来共同保护文化遗产，保护我们珍贵的历史文化财富。法律可以调整社会秩序，文化遗产保护的秩序需要完善的法律体系来调整。随着社会发展，人们的法律意识越来越强，公众参与文化遗产保护必须做到立法先行。

现如今，我国政府已经意识到了在文化遗产保护的过程中实施公众参与的重要意义，并且对社会参与文化遗产保护的权利和义务进行了明确。2005年，我国出台了《国务院办公厅关于加强我国非物质文化遗产保护工作的意见》，对非遗保护工作的原则再一次进行了明确，也就是要"政府主导、社会参与，明确职责、形成合力；长远规划、分步实施，点面结合、讲求实效"。中国许多省份也将"社会参与"原则纳入本省法律法规之中。2013年，河南省政府发布了《河南省非物质文化遗产保护条例》，并且在其中提出了"坚持政府主导、社会参与"的方针。社会参与的重要性,中央和地方政府早已意识到,但尽管如此,在实际工作中,社会力量参与文化遗产保护的程度仍然不高。在这种"万能政府"的影响下,我国的文化遗产管理制度自上而下地建立起来,全部工作都由政府承包,这导致民众无论是知情权,还是参与权和监督权都很难得到保障。社会公众无法参与到文化遗产保护工作当中,久而久之公众保护意识淡漠,文化遗产保护的社会基础也产生一定缺失。在法律保障不健全的情况下,公众参与文化遗产保护的行为可能会招致利益受损方及其相关者的打击报复,使公众参与文化遗产保护的风险和成本增加。如果公众参与文化遗产保护的成本和风险较高,就会严重打击公众参与文化遗产保护的热情和积极性。

第四章 公众参与文化遗产保护的立法完善路径

　　罗马法学家将"正当"赋予了"法",随后产生了"权利"的意涵。[①] 法国启蒙时代思想家孟德斯鸠在《论法的精神》中将"法"解释为"事物之间的必然关系"。文化遗产保护立法先行,公众参与文化遗产保护在我国高层级的立法中都有所规定。我国现行《宪法》《文物保护法》《非物质文化遗产法》对公众参与作了基本且原则性的规定和设计。《宪法》第二条规定:"人民依照法律规定,通过各种途径和形式,管理国家事务,管理经济和文化事业,管理社会事务。"《文物保护法》第七条规定:"一切机关、组织和个人都有依法保护文物的义务。"《非物质文化遗产法》第九条规定:"国家鼓励和支持公民、法人和其他组织参与非物质文化遗产保护工作。"众多学者讨论以立法方式保护文化遗产的问题,其中涉及公民基本权利与义务这一法学的永恒话题,即通过法律手段调整相关主体的权利与义务关系,从而达到保护文化遗产的目的。而保护文化遗产的主体无论是公民还是国家机关,最直接的操作者仍然是"自然人"。要想最大限度地调动和发挥各主体参与文化遗产保护的积极性和能动性,就应该在法律体系的各个层级中确立公众参与,或原则性或具体实操性,保障文化遗产保护的权利主体所享有的各项权利的有效实施。

第一节 文化遗产保护立法模式与体系概况

　　在对立法保护文化遗产公众参与进行探析之前,应当对宏观的文化遗产保护立法模式和体系进行分析。模式,也可以称为"理想类型(ideal type)",

---

[①] 北京大学法学院. 北大法学初阶(贰)[M]. 北京:法律出版社,2021. 18.

/ 第四章 公众参与文化遗产保护的立法完善路径 /

是研究社会和解释现实的一种概念工具，是高度抽象出来的、反映事物本质特征的分类。① 最早应用这一术语的是德国社会学家马克斯·韦伯。"模式"是在对纷繁芜杂的现象进行整理、提炼所得的典型。"立法模式"是对世界不同国家的法律体系进行分析整理后，进行归类提炼出来的典型。

一、公众参与文化遗产保护的立法模式

在不同视角下观察国际社会中公众参与文化遗产法律保护的立法模式，会有很多不同的分类。如果以保护方式的不同来区分，可以将文化遗产法律保护立法模式分为公权保护模式、公权私权兼顾保护模式和知识产权保护模式。首先是以埃及为代表的公权保护模式，该模式强调国家对于文化遗产的绝对所有权，否认私人对于文化遗产的绝对所有权。② 其次是当今世界主要国家所采用的公权私权兼顾保护模式，强调对国家所有的文化遗产实行公权保护，规定私人所有的文化遗产也是国家文化遗产的一部分，并通过立法对私人文化遗产的转让、利用、维修等予以一定限制。③ 最后是知识产权保护模式，该模式主要针对非物质文化遗产，包括著作权模式和特殊权利模式两种，著作权模式强调国家对传统知识及其载体享有主权和所有权，而掌握这些传统知识的特定族群享有对该非物质文化遗产的控制权、传承权、知情同意权及利益分享权等，代表性国家有菲律宾和哥斯达黎加等，而特殊权利模式强调创造和保有传统文化的原住民是权利主体，国家通过设立相关机构对其进行保护，代表性国家如巴拿马。④

以保护对象的不同来进行区分，世界上各国家和地区主要采取两种不同模式，即单一立法模式和综合立法模式。前者是指对于不同的保护对象，制定具有针对性的法，如法国的《历史建筑保护法》《马罗尔法》；后者是指通过整合各专门立法，制定一部统一的文化遗产保护法，如日本的《文化财保护法》。

以上罗列的立法模式分类是为了方便了解、把握国际上文化遗产法律保护方式和方法。然而在实践中，对一个国家庞杂的立法系统或某个国际公约进行定性，要想通过某一种模式进行概括提炼是困难的。在实际立法过程中某一个特定国家的立法模式往往是多种立法宗旨相互融合和交叉的结果，只不过在形

---

① 何海波. 法学论文写作 [M]. 北京：北京大学出版社，2014. 134.
② 主要体现在 1983 年《埃及文物保护法》第六条，该条规定："一切文物属公共财产。只有在本法制定的条件和情况下以及本法实施细则允许范围内，才能占有、收藏和处理文物。"
③ 叶秋华，孔德超. 文化遗产法律保护中的几个问题 [J]. 法学家，2008（05）：34-40.
④ 叶秋华，孔德超. 文化遗产法律保护中的几个问题 [J]. 法学家，2008（05）：34-40.

式和内容上或总体上表现为以某种立法模式为主而已。各种立法模式都有其优势和劣势，其中单一立法模式主要是为了保护特定类型的文化遗产，所以具有针对性强、目标具体、立法效率高等优势，但相应的具有适用范围狭窄的劣势。而综合性立法模式所具有的优势之一在于宽泛的调整范围，这一优势有利于对文化遗产的整体保护，但存在立法效率低、立法障碍多的劣势。在公权保护模式中也存在许多问题，如重公轻私，文化遗产权利主体界定不清、内容和权利种类界定缺乏法律规制等问题。由此可见，公权保护模式并非真正有利于保护文化遗产。而公权私权兼顾的保护模式则可有效弥补上述问题带来的不良影响，更好实现公益私益、公权私权兼顾。知识产权保护模式主要以非物质文化遗产为针对对象，无法对物质文化遗产进行保护。通过上述分析比对可以得出，综合性的、公权私权兼顾的立法模式正在逐渐成为文化遗产保护的主流立法模式，因为该立法模式顺应发展趋势，有利于实现对文化遗产的整体性保护。

二、文化遗产法律保护的立法体系

立法是难度最高的一种法律实践。有关文化遗产保护的全国性法律包括《文物保护法》《非物质文化遗产法》，这两部法律针对文化遗产进行全方位的界定与规制，但稍欠细致。更具具体性和操作性的条文存在于行政法规和部门规章，行政法规和规章的制定需要运用科学的立法技术，属于《立法法》的调整范围。我们要关注行政法规和规章的制定背景和一些争议问题，对立法的关注有助于理解条文，而不是动辄批评立法，立法本身就是一个利益博弈与妥协的过程。[①]

我们将对全球代表性国家文化遗产保护立法体系进行剖析，由此对我国文化遗产法律保护立法体系的建立起到借鉴作用。英国文化遗产立法具有以下几个特点：首先，建立了针对建筑、古迹、保护区及历史古城等领域不同层次的保护措施，此外对保护办法、措施、主体、政府职能与资金政策等事项都制定了较为详细的规章制度。其次，各地方政府的主要职责是执行和解释上述法律规定，并为公众提供咨询服务。再次，制定本地区的保护规划及法规性文件对国家立法做进一步的补充与深化，增强其操作性。最后，将保护组织的监督以及立法参与都纳入立法与执法的程序。

美国的文化遗产保护立法体系以地方各州为主导，呈现出独特的法律体系特征：首先，通过制定联邦法来确立全面的文化遗产保护政策和措施，美国国

---

① 北京大学法学院. 北大法学初阶（壹）[M]. 北京：法律出版社，2021. 83.

会颁布了适用于整个联邦的《国家历史保护法》，对保护对象、政府职责、保护机构和团体，以及税收政策等进行了详细的规定。其次，在各联邦立法的基础上，各州政府扮演着文化遗产保护的主要角色。一方面，社会各界的民众可以从中获得规划指南和建设与保护建议；另一方面，州政府拥有制定区划法规和土地利用法规的权力，从而能够对历史遗产保护范围内的建筑实施直接管辖。最后，美国各城市都有权制定地方性遗产保护法律，即使是私人财产，也不能随意拆除。据此，美国已有多个城市颁布了文化遗产保护的地方性法规，以实现对本辖区内文化遗产的保护。[1]

法国的文化遗产立法体系总体而言，是将完善的国家立法框架和详尽、灵活的地方立法体系有机结合。具体而言，该体系的特点如下：首先，采用国家与地方相结合的立法方式，以《历史古迹法》和《马尔罗法》作为核心法律，分别针对单个文物建筑和文化遗产整体保护区两个层次的内容，明确保护目标、范围、措施及资金等原则性内容。其次，各地方政府根据自身特色和实际情况，结合城市规划，可以制定更为详尽、深入、具有针对性和操作性的法规性文件。

日本的立法体系与法国相比而言，既有相似性又有一些差异，二者相似点在于都采用了国家与地方立法相结合的方式，而差异性体现在日本的国家立法保护对象往往只是确定由中央政府负责全国历史文化遗产的最重要的单体文物，[2] 而更广大的成片的历史文化区仍然是由地方政府通过地方性立法进行保护。[3]

纵观上述国家的立法体系发现，大部分国家都采取了国家立法和地方立法相结合的模式。在国家层面进行具有统领性和指导性的立法，各级地方政府在相应的立法权限内，制定出详尽、具体、操作性强、符合其行政区划实际的法规，最终构建一套完整的文化遗产保护立法体系。然而，部分国家，如美国和日本，以地方立法为核心，大部分保护对象由地方政府立法确立保护，而日本的国家立法则主要保护全国范围内最重要的历史文化遗产。

---

[1] 贾俊艳. 文化遗产保护法之比较研究 [D], 武汉大学, 2005. 30-31.
[2] 根据日本《文化财保护法》规定，对传统建造物群保存地区的保护，地方政府可以自己设立传统建造物群保存地区，制定保护条例，对保护范围、保护方法、资金来源等作出规定，编制保护规划，而国家在此基础上选择重要地区纳入中央政府保护范畴。
[3] 王林. 中外历史文化遗产保护制度比较 [J]. 城市规划, 2000 (08): 49-51+61.

第二节 立法建立公众参与文化遗产保护知情机制

公众参与文化遗产的逻辑起点在于享有知情权。知情权是指知悉、获取信息的自由与权利，包括通过官方或非官方渠道知悉、获取相关信息。知情权是公众参与遗产保护的前提和基础，也是公众享有参与权和民主程序的重要特征。公众只有具备一定的信息知情权，才能在与政府及相关部门的博弈中，破除信息失真、信息不对称等原因所造成的参与阻隔。建立完善的遗产信息公开制度是保障公众知情权的必要途径，信息公开也可以降低公众参与文化遗产保护的成本。

知情机制是社会公众参与文化遗产保护立法、行政、司法的先决条件。一般来说，公众需获知如下信息：第一，文化遗产保护法律信息，如文化遗产保护法律规定，文化遗产保护相关立法状态等。第二，文化遗产保护机构及其职权范围的相关信息。第三，文化遗产状态信息，包括文化遗产的数量、类型、破坏情况等。第四，文化遗产科学信息，包括文化遗产相关数据、科研成果。第五，文化遗产生活信息，主要是有关日常生活注意事项的信息，如有利于文化遗产保护的生活方式等。

如何做到公众知情，那么就需要一整套文化遗产信息发布与传播保障机制。由国家通过法定的程序向社会公布有关的文化遗产信息，并赋予公众文化遗产信息申请权，建立公众知情权受损的救济机制。

一、文化遗产信息公开与传播

文化遗产信息是指有关文化遗产要素及文化遗产保护、利用、管理等方面的信息。公众在参与文化遗产管理和保护过程中所需要获取的文化遗产信息都应当被列入披露清单。遗产信息的内涵包括两部分：其一是文化遗产系统本身应该传递的服务于大众的遗产信息，主要包括文化遗产管理单位为公民提供的教育、知识、审美熏陶和休闲娱乐信息；其二是文化遗产管理信息，比如文化遗产决策、财政、人事方面的信息。

信息的价值在于信息的共享性和流动性。一方面，文化遗产信息需要借助大众传媒的力量来实现其共享性。大众传媒是政府与公众之间进行有效沟通联系的纽带和桥梁，这就需要大众传媒既要起到向公众传递遗产信息的作用，也要担负及时采集公众对遗产管理的各种反馈信息的责任。如果封闭了这些渠道，即使有信息公开，也会因为缺乏传递机制而使信息公开无效化。另一方面，只有信息具有较强流动性，其价值才能得到体现。遗产信息的传播以遗产信息公开为前提和基础。若无遗产管理信息的有效公开，遗产信息的传播与共享也无从谈起，最终难免流于形式。

二、文化遗产信息公开对公众参与文化遗产保护的影响

遗产信息公开是公众参与的前提。只有公开遗产信息，才能提升公众在传播过程中的保护意识，从而参与到各项文化遗产保护活动中。具体举措可以分为以下几点：

（一）提高公众对文化遗产保护的认识程度

信息公开的过程，也是促进公众对文化遗产保护工作进行了解的过程。以通俗易懂、生动活泼的形式将有关遗产管理行为公之于众，使公众对于他们周围的遗产状况以及面临的威胁、主要破坏事件、破坏原因和遗产管理机构采取的措施得到充分了解，这些信息将极大程度上帮助他们在生产、生活、旅游等方面做出正确的行为和决定，同时对于文旅行政部门的管理行为和政府的执法力度的提升也有一定的帮助作用。

提高公众对文化遗产保护的认识程度，需要使公众接受一些新的理念，如"文化遗产保护不再是单纯的保护，而是结合发展的保护"。近年来，我国一直强调文化遗产的活化利用，推动中华优秀传统文化创造性转化、创新性发展，让文化遗产焕发永久的生命力，由此才能真正将中华民族独特的精神基因代代传承。文化遗产保护利用与城市规划、美丽乡村建设相结合，我们强调"加大文物和文化遗产保护力度，加强城乡建设中历史文化保护传承"，必须与创造性转化、创新性发展结合起来。我们应当认识到保护和发展的二元统一与对立关系，保护是发展的基础，但不发展则难以实现保护。更不能以"保护"为名，拒绝学习，拒绝创新。中华优秀传统文化只有适应新时代实现创造性转化和创新性发展，才能发扬光大。近年来，国家宣传部门和文旅部门合作、联合文化产业和艺术界人士，从中华资源宝库中选取题材、获取灵感、汲取养分，推出与文化遗产相关的优秀纪录片和综艺节目，如《非遗里的中国》《我在故宫修文物》等文化作品，使传统文化的精神、气质更好更多地融入当代风尚，吸引了更多年轻人的目光，日渐以"国潮"为荣，衍生了极高的商业价值。

(二) 加强公众对文化遗产的监督

公众参与文化遗产保护的重要性不言而喻。遗产是一个国家的历史和文化的体现，破坏遗产不仅是对历史的不尊重，也是对未来的不负责任。因此，公众有责任也有义务参与到遗产保护中来。

首先，公众对周围遗产现状进行了解是保护遗产的第一步。只有了解遗产的现状，公众才能及时发现并制止破坏行为。如果公众对遗产的状况一无所知，那么即使有破坏行为发生，也难以被发现和制止。因此，公众应当加强对遗产保护的关注和了解。当发现破坏行为正在进行时，公众可以采取必要的行动来制止这种行为，其中包括向相关部门举报、联系当地政府或者直接与破坏者沟通，要求其停止破坏行为。公众的参与可以有效地阻止破坏行为的继续，保护文化遗产。

除了直接参与保护行为，公众还可以通过推动管理部门参与来促进遗产保护。公众可以向管理部门举报破坏行为，或者通过各种渠道表达对遗产保护的关注和需求。管理部门在接到公众的反馈后，可以采取相应的措施来加强遗产保护，比如制定更严格的法律法规，加强对破坏行为的惩罚等。此外，文化遗产信息的公示公开也是推动遗产保护的重要手段。通过公示公开遗产信息，可以让公众更加了解遗产的价值和重要性，从而增强公众的责任感和使命感。这不仅可以激发公众参与遗产保护的热情，还可以促进各种遗产保护组织的形成和活动的开展。在社区层面，公众可以通过了解各种文化遗产信息团结起来。社区是人们生活的地方，也是文化遗产保护的重要场所。公众在社区中了解文化遗产信息，可以增强对遗产保护的认识和重视，从而以更强的力量参与到遗产保护中来。公众可以通过组织活动、发起倡议等方式，团结社区力量，共同保护社区中的文化遗产。

总的来说，公众参与是推动遗产保护事业可持续发展的关键因素之一。只有公众充分认识到遗产的价值和重要性，并积极参与到遗产保护中来，才能实现遗产保护事业的长足发展。因此，我们应该鼓励更多的人关注并参与到遗产保护中来，共同为保护我们的历史和文化做出贡献。

(三) 提高公众对文化遗产政策制定的参与度

国家遗产管理政策的制定受到公众文化遗产保护意识的影响。从理论上说，政策是公众意志的体现。很多国家政府出台文化遗产保护政策往往会参考公众建议，以保证文化遗产保护政策的实施效果。任何一项遗产管理政策都需要得到公民的理解与支持，理解是支持的前提和基础，而遗产保护意识的强弱决定了理解的深度。例如，中华茶文化深入全人类的内心，公众参与尤其是中国茶文化传承人参与非物质文化遗产发展政策的制定具有十分重要的意义。我国申报的"中国传统制茶技艺及其相关习俗"于2022年11月进入联合国教科文组织保护非物质文化遗产名录。[①] 中国茶的非物质文化遗产传承人均是通过家庭、社区的活动参与传承。相关社区、群体和个人成立了保护工作组，并联合制定了《中国传统制茶技艺及其相关习俗五年保护计划（2021—2025）》。这一五年规划属于政策性文件，为中华茶文化未来发展指明航向，并制定以五年为期限的分步运行方略。这一五年规划鼓励传承人按照传统方式授徒传艺，依托中职院校和高等学校培养专门人才，巩固代际传承；举办保护传承培训班，加强能力建设；建立研学基地，编写普及读本，开展相关巡展活动，增强青少年的文化遗产保护意识。由此，文化和旅游部和相关地方政府积极支持相关社区、群体和个人组织实施系列保护措施，做好该遗产项目的传承与实践。综合以上，即一个国家或地区公众的遗产保护意识水平和对文化遗产的钟爱程度，决定了其参与遗产管理政策的基本特点及其实施效果。

三、立法建立文化遗产信息公开制度

信息公开是基于信息不对称理论所形成的，这个理论的核心观点是因为委托人和代理人之间的信息不对等，导致代理人有可能为了保护自己的利益而隐瞒一些信息。在文化遗产保护的领域，这种现象特别明显。我国的文化遗产属于公共资源，其所有权应属于人民，但在实际管理中，由国家最高行政机关代替行使。然而，这种垂直管理的模式，使得公众被阻隔于遗产管理系统之外，无法了解文化遗产的具体状况。这就形成了一个恶性循环，公众因为缺乏信息，无法有效地参与文化遗产的保护，而行政部门因为缺乏公众的监督和参与，可能会对文化遗产的管理状况有所疏忽。因此，解决这个问题的关键，在于如何打破这个封闭的系统，让公众能够参与到文化遗产的管理和保护中来。这不仅需要行政部门更加透明地公开文化遗产的信息，也需要公众有更高的文化遗产保护意识，积极参与到文化遗产的保护中来。只有这样，我们才能有效地保护我们的文化遗产，让这些历史的瑰宝能被完好地保存下来，传承给我们的后代。这不仅是对我们的历史文化的尊重，也是对我们后代的负责。

以立法形式明确将建立遗产信息公开制度落实到法律文本中，再通过严格的立法程序予以通过，是公众参与文化遗产政策透明化的必要举措。因此，要

---

① 文化和旅游部. "中国传统制茶技艺及其相关习俗"列入人类非物质文化遗产代表作名录[EB/OL]. 文化和旅游部官网. 2022-11-30/2023-07-22.

想降低公众参与文化遗产保护的信息成本，就必须建立公开遗产信息的管理模式。

四、立法扩展文化遗产信息来源的广度和宽度

文化遗产信息包括两种类型，即公共信息和个别信息。公共信息是指向全社会发布的信息，如文化遗产本体状况公报和文化遗产环境周报、日报等；个别信息是指只有在公众提出要求的情况下才提供的信息，如某一处世界文化遗产地旅游环境容量的数据信息。我国现行《文物保护法》第十三条、第十四条、第十五条以及第十八条都赋予公众对于文物保护信息的知情权。但在执行过程中，存在遗产信息公开缺乏广度和深度的问题，我国应该立法拓宽文化遗产信息来源渠道。此外，遗产的"建设性破坏""过度商业化"等负面信息也不应当隐瞒，应当随时接受社会公众的监督。重视公众对文化遗产违法案件的举报，并及时将处理结果反馈给举报者，使举报者得到满意的答复。

《中华人民共和国行政许可法》自2003年开始实施，2019年又重新修订，国家文物局为更好地遵守该法增添了多项举措，以达到拓宽人民群众参与文物保护工作渠道的目的，其中包括：（1）加强政府网站建设，在国家文物局网站增加政务公开的内容；（2）制定新闻发布制度，及时向社会发布有关文物工作信息；（3）依法对行政许可项目、行政审批项目目录及部分许可结果向社会进行公示。这些举措，有利于加强公众监督权的行使。此外，一些条例和通知的颁布出台，也有助于公开文化遗产管理信息。但也存在局限性，即条例作为中央政府颁布的行政法规，存在着立法层级不够高，效力层次较低，无法形成刚性约束力，可操作性不强，更无法解决与现有法律制度相冲突的问题以及配套法律制度缺位的问题。

为此，我们可以先启动法律法规规章修改程序，将行政法规、部门规章、其他规范性文件中与法律相冲突的条文加以修改，并进行相关配套细则的立法，形成实体性和程序性有机结合的政府信息公开法律体系。尤其，应在法律层面（如《文物保护法》《非物质文化遗产法》）明确设置专门的文化遗产监测机构并拨出专款支持工作，配备专门的监测人员对遗产进行监测，收集和存储相关数据，汇集文化遗产领域相关研究成果。在我国，负责遗产经营管理的机构通常是当地文旅行政部门以及其设在文物保护单位的管理处和博物馆等直属事业单位，其行为将直接影响文化遗产质量。在实际生活中，文旅行政机构及其文物保护单位或博物馆所掌握的遗产信息较一般政府机关和公众掌握的更多、更加真实详细。博物馆和文保单位虽然担负着向政府汇报其所经营的文化遗产情况的责任，但法律当中没有对这些机构是否应该将信息向社会公开做出规定，也就表明遗产信息在这些机构和公众之间是不对称的，公众明显处于弱势地位。因此，高层次立法的制定有助于政府给这些机构施加压力，让其为公众提供文化遗产经营管理过程的详细信息。此外，法律层面也可以规定文化遗产相关非营利组织通过各种渠道搜集遗产信息予以公开发布，以丰富公众的遗产信息来源。

第三节 立法建立健全公众参与文化遗产保护表达机制

文化遗产符合全人类的整体利益和共同关切。联合国教科文组织于2015年通过的《保护非物质文化遗产伦理原则》中"原则（十一）文化多样性及社区群体和个人的认同应得到充分尊重。尊重社区、群体和个人的价值认定和文化规范的敏感性，对性别平等和年轻人参与给予特别关注，尊重民族认同，皆应涵括在保护措施的制定和实施中。"而尊重全人类对于文化遗产的关切最直接的体现是用立法方式建立健全公众参与文化遗产保护表达机制，公众通过参加遗产保护活动，获得对文化遗产保护事业更多的了解，并通过合适的方式发表评价和意见，从而参与文化遗产保护事业。对文化遗产工作发表意见建议是公民参政权和言论自由权在文化遗产保护中的体现，建立健全表达机制是公众参与文化遗产保护工作的必由之路。

在我国的实践中，公众可以采用四种方式来表达对于文化遗产保护的意见和建议，分别是：（1）向相关部门或新闻媒体主动提出自己的建议和意见；（2）在编制遗产发展规划的过程中，应专业人员的要求提出自己的某些看法；（3）在遗产规划方案论证阶段，通过公示或听证会的形式反映自己的意见；（4）在遗产项目实施后，以上访等方式向政府表示自己的不满。从公众参与的实效性来看，上述方式中前三种方法都是具有良性互动作用的，可以有效推进政策制定过程。然而，第三点涉及我国的听证会制度尚未完善，在目前阶段这一制度建设尚欠健全。2001年国务院第321号令颁布并于2017年修订的《行政法规制定程序条例》和第322号令颁布的《规章制定程序条例》规定在法规、规章起草过程中可以采用听证会形式听取意见，《行政法规制定程序条例》第二十二条规定：法制机构应当就规章送审稿涉及的主要问题，深入基层进行实地调查研究，听取基层有关机关、组织和公民的意见；第二十三条规定：规章送审稿涉及重大利益调整的，法制机构应当进行论证咨询，广泛听取有关方面的意见。论证咨询可以采取座谈会、论证会、听证会、委托研究等多种形式。通过对以上条款的分析，可以发现上述关于听证会的规定存在以下三个问题：（1）只规定了决议听证，而没有规定法定听证；（2）对于听证会的具体操作程序未作规定；（3）关于如何处理听证会上提出的意见的规定不明确。

从上述相关法条的缺陷可知，在我国文化遗产保护法律制定环节，"依法行政，依法管理"的局面已经初步形成，但仍存在诸多不完善之处：（1）我国文化遗产法律体系还不够完善，对文化遗产的审批、规划、管理、监察等工作缺乏具体的实施细则，导致可操作性不强；（2）尚未建立通过国内法转化履行国际公约的有效机制，很难保证公众参与权的真正实现；（3）在实施环节，文化遗产管理过多依赖于行政管理，公众监督与管理部门之间缺乏可行的渠道传达，公众在遗产管理方面几乎没有话语权。

鉴于上述分析，我国可以采取通过立法加强政府和相关保护机构的公众意见征询活动的方式来推动公众表达机制的建设。

首先，完善公众参与遗产保护规划或相关决策的听证会制度。听证是一项程序性制度，其起源于英国普通法的"自然公正"原则。将听证制度应用于遗产保护工作中，其具体含义是指政府或相关部门通过举办听证会来对文化遗产保护内容和必要性进行讨论，以获得可靠的资料和信息。这就要求该听证会必须邀请和接受与遗产有利害关系的组织和公民、有关专家学者、遗产保护工作者到会陈述意见，以便为遗产保护提供参考依据。

实施过程中，我们可以从以下四个方面进行操作：（1）强化法定听证的法律规定。法定听证指的是政策法案必须经过听证程序才能实施，这有助于优化公众参与机制。（2）对听证程序的各项内容进行详细规定，包括听证委员会的设立、听证内容、公告和通知、听证人员的选择和邀请、资料收集准备、法定人数等。（3）听证会是一项程序性制度，不能将其与座谈会混淆，应充分重视听证会的作用。（4）制定对听证意见的处理方式，明确其是否作为政策制定的依据，并向社会公开征集公众意见。

公开征集公众意见是机制建设的重要部分，具体制度设计应包括以下三个方面：（1）加强机制建设，确保普通公众有发表意见的权利，可以通过相关机构与公众进行非正式的磋商、会谈，也可以通过允许公众以口头或书面形式向相关部门提交意见和建议。（2）建立公众意见反馈机制，向公众告知其意见是否被采纳以及未被采纳的原因等信息。这是公众参与政府决策的重要途径，只有公众意见成为决策内容，才能激发公众的参与热情，改变公众对文化遗产保护的冷漠态度，从而形成公众与政府的良好互动。（3）对于重要的决策政策建立强制性的公告制度，即规定决策者应通过广泛发行的报纸、电视、广播等媒体进行公告,让公众广泛参与讨论,并设立机构接收公众来信、来访。

第四节　立法建立公众参与文化遗产保护诉讼机制

文化遗产保护司法诉讼机制是指当文化遗产受到人为破坏等情况时,公众有权提起诉讼,要求责任人采取停止破坏、补救、赔偿损失等措施,并对责任人予以行政、刑事制裁或者民事赔偿的法律规定和程序。文化遗产保护司法诉讼也是公众参与遗产保护的重要方式之一,司法诉讼往往是公民权利的最终保障机制。通过建立诉讼机制,可以让普通公众在和政府、企事业单位博弈的过程中增加安全感,从而达到提高公众参与文化遗产保护活动积极性的目的。由此可见,建立诉讼机制是降低侵害发生的概率和侵害成本的有效途径。然而,目前我国立法对文化遗产诉讼和相关民事责任的规定并不明确,应当完善文化遗产保护司法诉讼机制。

一、完善文化遗产保护诉讼程序立法

其一,根据我国现行《民事诉讼法》相关规定,起诉资格必须满足"与本案有直接利害关系",换言之,有关文化遗产保护的民事诉讼案件只能由那些人身或财产权益受到他人不法侵害的人来提起,其他权益未受侵害的人不可以提起文化遗产保护诉讼,这样的规定显然对文化遗产保护很不利。因为,文化遗产资源作为一种公共资源,承载的不仅仅是一个国家或地区的历史印记,更是国家或区域文化软实力的象征。随着历史发展而逐步建成的建筑、大街小巷,它既是维系一定地域社区结构的文化基础,也是联系当地人的精神纽带。基于上述关系,当文化遗产受到破坏时,造成的不仅仅是文化遗产所在地的居民和民众的权益损害,更是社会整体的损失和遗憾,还有更多人受到损害结果的影响。针对主体的局限问题,中国可以借鉴其他国家的成功经验,扩大起诉资格范围,将其范围由"与本案有直接利害关系"的公民扩大到"与本案有间接利害关系"的公民、法人和其他组织,以有效地保障公众行使诉讼参与权。

其二,我国并没有明确地将文化遗产保护以立法的方式规定在公益诉讼制度中,我国的公益诉讼主要集中于生态环境和资源保护、国有资产保护、国有土地使用权出让、食品药品安全这四个领域,而很多国家将"文化遗产公益

诉讼"纳入正式的司法程序，并得到法院的确认，进而上升到公民文化权利实体保障层面。针对有关公益诉讼类型的局限，建议将文化遗产保护、中华优秀传统文化传承发展单独作为第五个领域列入我国的《民事诉讼法》和《行政诉讼法》的相关章节中。

针对以上两个困境可展开以下具体举措：

首先，改变传统诉讼制度，更改对原告资格作出的限制性规定，赋予公众以起诉资格。文化遗产是一种公共资源，所以不能将有权提起遗产保护诉讼的主体圈定在与遗产有直接利益关系的自然人、法人或其他组织，而应该将全体社会公众，包括无直接利益关系的自然人、法人或其他组织加入原告范围之中。但是，要保证在公众提起诉讼之前，先穷尽行政权力的救济，这样就能有效避免出现公众滥用起诉权利或行政机关怠于履行保护职责等问题。此外，在具体实践中，考虑到诉讼成本，所以应该将享有起诉资格的公众范围限于遗产所在地的民间保护组织以及普通市民。

其次，保障公众不会因诉讼程序之繁杂与诉讼费用之高昂而放弃其合法权益。考虑到文化遗产保护涉及的知识面较广，专业性较强，调查取证工作会较为困难，为减轻公众的诉讼费用负担，应在相关法律体系中完善司法援助制度，由政府或者公益团体为起诉者提供技术上的帮助，还可以设立基金，为起诉者提供资金援助，以提高公民提起文化遗产保护诉讼的积极性，从而激励公众关注文化遗产保护问题。

最后，在文化遗产专门性法律中直接规定公众参与文化遗产保护救济的相关法律制度。无救济则无权利，如果不在专门性的文化遗产法中对公众参与文化遗产保护权利予以救济，那么保护权利的法规也将形同虚设，公众参与权也难以实现。2007年重新修订的《文物保护法》专门设置了第七章法律责任，第一次对民事责任、刑事责任和行政责任作出了明确规定，然而并没有规定文化遗产公共利益受损时公众提起公益诉讼的权利。即使是以私益保护为核心的民事责任，受损的权利主体是特定的，且法律规定得较为笼统，惩罚性程度较低，也就导致文化遗产公共利益遭受破坏的成本较低，不能起到司法是文化遗产法律保障最后防线的作用。该法第六十五条规定："违反本法规定，造成文物灭失、毁损的，依法承担民事责任。"然而，恢复文物原状或者获得相当于损失等价赔偿是法律设立民事责任的主要目的。但由于文物具有不可复原的特殊性，故其一旦遭到损毁很难复原，而且所造成的损失也难以修复，更难以确定具体赔偿数额，即便做出一定数额的赔偿，也难以弥补具体的损失。《文物保护法》中对于民事责任，仅规定了较为宽缓的民事处罚，补偿资金对于文物破坏遭受的损失而言可以说是微乎其微，不能弥补文物毁损、灭失造成的全部损失。但是，民事责任也不是一点作用都没有，既可对潜在的破坏行为实施者有警告和行为预测作用，也会使其他公民更加自觉地加入到保护文物的队伍之中。但并非所有文物破坏都存在特定的利益相关者，需要专门的文物保护法针对公益诉讼制度予以明确规定。

二、完善文化遗产保护相关民事责任的实体性立法

程序法与实体法的完善应当同步进行。尤其对于实体责任的规定，应当具体与确切。由于《文物保护法》对各类责任，尤其是民事责任的规定较为笼统化与原则化，所以地方各级人民代表大会常委会或政府部门在制定实施办法时应作出具体的、便于操作的规定。但是在各地现行地方立法中，大多只是对一些原则性事项作出了规定，对归责原则、责任承担主体和方式缺乏明确具体的规定，可供执法者自由裁量的空间较大，存在着一定程度的操作难度。例如，《苏州市实施〈中华人民共和国文物保护法〉办法》第二十四条、第二十五条，[①]《昆明市文物保护条例》第四十条，[②]《浙江省文物保护管理条例》第五十六条，[③] 上述条款都缺乏具体的规定，导致法律法规的确定性不足，文化遗产保护实际执行的难度加大。

法律责任的设定，是为了使行为人承担其行为所导致的不利后果，在实践中，只有明确责任承担的主体、责任的构成以及责任承担的方式，才会使责任的承担具有操作性，进而让责任条款发挥其应有的作用，遗产保护中民事责任的规定也是同样的道理。我国《文物保护法》中缺乏对民事责任具体事项的规定，因此有必要作出改变，以便于指导执法。具体而言，可以从以下几个方面改进：

1. 明确民事责任的承担主体。对文化遗产毁损、灭失的民事责任承担主体作出具体的规定。因在参观游览文化遗产时，购买门票或者免费参观预约时，文化遗产管理方普遍会对游览者进行文明参观的教育与约定才允许其游

[①] 该地方性法规由苏州市人民代表大会常务委员会制定，公布与实施日期均为2016年5月31日。该法规中第二十四条规定："违反本办法，有关法律、法规已有处罚规定的，从其规定。"第二十五条规定："违反本办法，造成文物损坏的，当事人应当承担修复、赔偿等民事责任。"

[②] 该地方性法规由昆明市人民代表大会常务委员制定，公布日期为2004年6月24日，第四十条规定："文物行政主管部门、文物保护管理机构及其他相关部门的工作人员徇私舞弊、玩忽职守、滥用职权的，由所在单位给予行政处分；构成犯罪的，依法追究刑事责任；造成文物灭失、损毁的，依法承担民事责任。"

[③] 该地方性法规由浙江人民代表大会常务委员会制定，于2005年11月18日发布，自2006年1月1日起施行。第五十六条规定："违反本条例规定的行为，相关法律、行政法规已有处罚规定的，从其规定。"

览,作为消费者与游览者的普通公民在遗产景区参观时的不当行为造成遗产的毁损、灭失,可以规定其承担民事上的合同违约责任。文化遗产行政机关的工作人员若导致文化遗产灭失或损坏,即使不满足刑事责任的构成要件,也应承担相应的民事责任。这是因为这些工作人员在保护文化遗产方面具有比一般公民更清晰的认识。但如果他们在执行职责过程中造成文化遗产损失,实际上是对国家所有权和公民文化权的侵犯,仅对他们进行行政处分并不能达到保护文化遗产的目标。设定民事责任有助于他们端正工作态度,认真履行职责,避免对文化遗产造成人为破坏。

2. 承担文化遗产灭失、损坏民事责任的构成要件包括损害行为、危害结果以及行为和结果之间的因果关系,不要求具有主观恶意或违反法律规定。只有当损害发生是由于不可抗力或第三人过错造成时,才能免除责任。需要注意的是,承担民事责任通常适用于对文化遗产损失较小的情形。损失程度的确定应根据相关专业组织或机构的标准来评估。

3. 明确民事责任承担方式。根据《民法典》第一百七十九条,承担民事责任的方式包括停止侵害、排除妨碍、消除危险、返还财产、恢复原状、修理、重做、更换、赔偿损失、支付违约金、消除影响、恢复名誉及赔礼道歉等。鉴于文化遗产保护的特殊性,应将停止侵害、排除妨碍、消除危险、赔偿损失作为主要承担方式。停止侵害要求加害人立即停止侵害行为,防止损害进一步扩大。排除妨碍适用于已产生妨碍的情况,防止已发生的侵害行为继续发展。消除危险要求侵权人消除其行为可能给文化遗产及其周围环境带来的威胁。民事责任本质上是一种财产责任,因此造成文化遗产灭失、损坏的,还应承担赔偿责任。尽管文化遗产具有不可再生性,经济价值难以估量,赔偿金额不能完全弥补损失,但至少能为文化遗产修缮提供部分资金。以上方式可以单独或合并适用。

第五章 公众参与文化遗产保护的行政管理制度的完善路径

行政机关是立法的执行者，在将文化遗产相关立法制定科学完善的同时，行政机关还要依法行政、文明执法、公正执法和严格执法。现代法治最突出的表现是用法治把权力圈在制度的笼子里。最大的权力是国家权力，国家权力在不同的时期掌握在不同的群体手里。封建社会中，国家权力掌握在君主手中；在资本主义社会国家权力掌握在政党手中；在现代法治国家解决的是权力冲突问题。法治是治国理政的基本方式。因此，文化遗产保护让行政权力有所为、有所不为。

第一节 国内外政府在文化遗产保护中发挥的作用

政府在文化遗产保护中扮演着至关重要的角色。无论是国内还是国外，通过制定政策法规、设立保护机构、提供资金支持、加强宣传和教育、开展国际合作以及应对紧急情况等方式，致力于保护和传承文化遗产。

一、国外政府在文化遗产保护中发挥的作用

世界范围内，在发达国家文化遗产保护与利用的背景尤为相似，这些国家被称为"文化创新发展强国"。在两次世界大战当中，许多历史建筑、古迹等有形的文化遗产被残酷地摧毁。之后，人们对此进行了反思、探索和实践，就对如何拯救与保护有形文化遗产产生了新的共识。2001年，联合国教科文组织启动了"人类口头流传和非遗"代表作的创建工作，将全球无形的非物质文化保护推上了一个新的高潮，发达国家高度重视通过财政刺激、先进的技术手段修复、传承和弘扬当地的有形和无形的传统文化。如今，在经济全球化和

现代化进程的背景下，经济高速发展与民族文化的尊重、认同、传承和弘扬的和谐发展在全球已经达成了共识，对于发达国家而言，保持民族文化特色、增强民族自尊和自信、增强民族文化软实力也已经成为重要的国家发展战略。

（一）法国政府积极推进文化遗产保护

在20世纪90年代初，法国政府引入了"文化例外"这一概念，是指政府为保护一个国家和民族的文化而专门制定的政策。这项政策最重要的部分是不允许将文化列入服务贸易总清单，也不允许在对等基础上自由交换其他商品和文化商品。基于"文化例外"，法国政府规定，自由贸易谈判中不能涵盖文化视听产品。这种做法意义十分重大，其意义在于对美国强势文化的入侵进行抵制，从而保护本国文化产业的发展。当时的法国文化部长公开表示，法国政府将坚持在自由贸易谈判中排除文化产品，这是一条不可触碰的红线。可以说，法国人民的文化自信和文化自觉，在"文化例外"中生动地展现了出来，而也正是因为这一政策的实施，让法国政府得以更好地发展当地的文化产业。在保护非物质文化遗产方面，巴黎市政府发挥了重要的作用。依据法国"文化遗产日"活动的有关法律规定，巴黎市政府会在每年九月的第三个周末无偿向公众开放一些文化古迹，例如艺术博物馆、总统府、市政厅和城堡等，通过这些措施，巴黎政府有效地提高了非物质文化遗产在民众心中的价值，增强了民众的文化遗产保护的意识。此外，巴黎政府十分重视对文化遗产保护与传承的财政投入，并且在实践当中加大投入的力度。时任法国文化部长安瑞莉·菲里佩提（Aurélie Felipetti）指出[1]，法国文化遗产相关产业将为法国人民带来大量金钱和就业机会，极大促进法国的社会经济发展以及法国的经济复苏。以法国政府恢复凡尔赛宫参观游览为例，凡尔赛宫位于巴黎市的西南部，作为法国皇家宫廷的所在地已有三百多年的历史。2012年，法国政府投入了1.71亿欧元对其进行维修。[2] 与此同时，法国政府组织和动员各类企业、基金会和个人积极投入资金，支持当地文化遗产的保护和利用。政府为个人和企业设定了相应的税率，作为对保护文化遗产公众参与的鼓励与支持，并对文化遗产保护基金会的设立和运作程序进行了简化。巴黎政府高度重视保护传统街区的特色，平衡城市现代化的发展，适当更新巴黎传统街区，鼓励传统街区发展小手工业和商业。巴黎市政府尤其重视对圣安东尼社区的保护。虽然圣安东尼街区

---

[1] 安瑞莉·菲里佩提（法语：Aurélie Filippetti，1973年6月17日-），是意大利裔的法国政治家和小说家。2012年至2014年担任法国文化和通讯部部长。

[2] 梁霓霓. 法国历史文化遗产保护"很差钱"[EB/OL]. 联合国教科文组织国际自然与文化遗产空间技术中心官网. 2012-9-12/2022-10-20.

看起来很普通，既没有什么具有特色的独栋古建筑，也没有在已划定的古迹保护区内，但它有一个十分重要的特点，就是独特性：其具有精致的木制家具工业和18世纪的巴黎街道布局——狭长的中庭与过道、耸立的烟囱。这使得巴黎政府对其十分重视。而也正是因为这种重视，圣安东尼街区到现在都还在蓬勃发展，充满活力。[1]

(二) 意大利政府推进文化遗产保护

意大利作为世界天主教的核心以及希腊文化的重要场所和文艺复兴的发祥地，有着"欧洲天堂和花园"的美誉。而作为意大利的著名城市之一，威尼斯更是一座历史悠久而富于魅力的古城。在保护文化遗产的工作上，威尼斯向来不遗余力，并且在多年的实践当中积累了丰富的经验。

1997年，威尼斯市政府第一次尝试举办了"文化遗产周"的活动，在那之后，"文化遗产周"的活动被正式确定了下来，在每一年的五月最后一周举办。在这一周，民众可以无偿进入全市各地的文化遗产场所，参观当地的博物馆、历史遗迹和著名建筑等。威尼斯政府对每个文化遗产地的"场所精神"[2]都十分重视。作为一座古老的城市，威尼斯始终保持着自身独特的地域特色以及整体风貌，对威尼斯来说，水是灵魂，唯一的水上交通工具船"贡多拉"被保持使用了多年，并已经成为城市的标志之一。威尼斯对于生态旅游和饮食文化旅游也非常重视，政府不断鼓励餐饮业的创新，让威尼斯的餐饮业有了很大的发展，不仅获得了"欧洲大陆烹饪之始祖"的美誉，还获得了"西餐之母"的地位。在威尼斯的一系列美食当中，"披萨"这一人们所熟知的食物取得了巨大成就，成为联合国教科文组织人类非物质文化遗产名录中的其中之一。与此同时，威尼斯市政府还重视文物修复方面的教育，开设了相关的文化遗产修复技术学校和修复中心，学校可以培养修复方面的人才，为修复工作输入新鲜的血液，而文物修复中心涵盖了木制、石雕、绘画等各类研究机构，通过运用现代科技和技术，将光学、现代医学等技术运用在了对文物的修复过程当中。

(三) 日本政府对推进文化遗产保护事项精细化

日本政府也向来重视对文化遗产的保护工作，这从其1897年所颁布的

---

[1] 林志宏. 世界文化遗产与城市 [M]. 上海：同济大学出版社，2012. 175.
[2] 场所环境是文化延续的土壤，场所精神不仅是物质环境，更重要的是人和社区生活所体现出来的精神氛围。参见徐桐. 迈向文化性保护：遗产地的场所精神和社区角色 [M]. 北京：中国建筑工业出版社，2019. 21.

《古社寺保护法》中就能够体现出来。自 20 世纪以来，针对历史文化遗产的保护事项，日本一直实行以专家学者和政府部门为主体开展保护的工作方针。

日本京都市政府对文化遗产保护可以用"精细"两个字来形容，在保护工作开展之前，其首先要对文化遗产进行调查，从而能够全面、扎实地掌握其情况。京都市政府曾进行过一系列包括"民俗资料调查""民谣调查"在内的工作，积累大量资料，为其后续工作的开展奠定了良好的基础。除此之外，因为京都当地存在着大量的古建筑，并且其中的绝大多数都是木质结构，保护难度非常大，所以京都政府设立了一套完整和严密的流程，任何需要修缮的文化遗产都必须按照这一套审批程序进行。

京都还存在很多民间社团组织，鼓励公众参与文化遗产的保护，这种公众参与在京都非常普遍，无论是城市还是乡下，都能够看到民间社团组织保护文化遗产的身影，他们通过自己的力量为文化遗产保护做着努力，是文化遗产保护与传承工作不可或缺的重要力量。

二、我国地方政府在文化遗产保护中发挥的作用

我国政府近年来也愈加重视文化遗产保护，从国家层面来看，国务院工作报告中"文物和文化遗产内容"占据了相当一部分篇幅。2020 年之前的国务院工作报告仅提到"加强文物保护利用和非物质文化遗产传承"，而在 2021 年则强调"传承弘扬中华优秀传统文化，加强文物保护利用和非物质文化遗产传承，建设国家文化公园"，2022 年提出"在城乡规划建设中做好历史文化保护传承。传承弘扬中华优秀传统文化，加强文物古籍保护利用和非物质文化遗产保护传承，推进国家文化公园建设。"无论从字数的增加还有文化遗产事项的细化与强调，都能看出国家层面对文化遗产保护的重视。在地方层面，各个地方政府也将文化遗产保护纳入政府绩效考核范围，多年来我国各地政府在文化遗产保护实践过程中取得了宝贵的经验，因篇幅有限，在此部分，只列举广州和厦门的例子，以说明我国在文化遗产保护和推动公众参与方面所取得的进展。

（一）广州市政府在文化遗产保护利用工作中的经验与做法

广州作为一个开放的城市，汇集了岭南文化和广府文化，并且有着丰富的非物质文化遗产。近些年来，广州政府对文化遗产保护工作越来越重视，希望能够通过对其进行深入细致的研究，来挖掘它们在市场经济中的公共价值，并且通过实施相关举措、建立相应模式，更好地对文化遗产进行保护。

其一，广州市政府在这一过程中要发挥主导作用，加大宣传力度。为了让文化遗产保护的热潮能够下沉到民间，政府举办了一系列活动，用民间文化艺术节、文艺人才下乡演出、编纂一些通俗易懂的文化遗产知识普及类书籍等方式，让民众对文化遗产有了更多的了解，也更愿意参与进有关文化遗产的保护工作当中。

其二，广州市政府还十分重视对非物质文化遗产传承人的激励与保护，加快了对相关人才的培养速度。广州市政府经常性地关心照顾非遗传承人，还组织编写了适用于校园的非遗文化教材，在学生层面加大了培养力度，并成立了相应的培训基地、培训班，为非遗的保护和研究工作培养专业人才。同时，增强对非遗资料的搜集力度，通过录音、录像、笔记等，对非遗资料进行收集。同时，广州市政府还设立了一些民俗博物馆，比如清曲研究室、古琴史料展厅等，希望能够让非遗"活"过来；在人工智能现代技术的日益普及下，建立了数据库，对非遗资料进行数字化管理。

其三，广州市政府高度重视公众参与文化遗产保护，积极鼓励民间组织和社区发挥作用，并且通过一系列举措来调动公众参与的热情，为文化遗产保护工作打下了广泛的群众基础。

（二）厦门市政府在非物质文化遗产保护利用中的作用

近些年来，厦门市在文化遗产保护方面的重点工作是开发闽南文化生态保护实验区。厦门集中开启十四个保护试点、三个闽南文化传承展示区，并建立一批传习中心。厦门希望通过调动民众的积极性和自觉性，激发民众的参与热情，来激发文化生态的活力。为了达到这一目的，厦门市政府主要进行了以下工作：

其一，鼓励在日常生活中使用闽南方言，并且通过在校园中增设闽南语的选修课、在广播和电视中增加闽南方言的节目等方式，为闽南方言的使用创造了一个良好的语言环境。

其二，大力举办闽南区域民俗节日活动，打造知名度高、影响深远的学习互动平台，加强两岸之间的文化交流，从而推动文化形态的恢复。

其三，编印出版《厦门市公民文化手册》《厦门市非物质文化遗产研究丛书》，并且积极进行宣传和普及，让公众对闽南文化有更多的认同感，自觉参与进文化遗产保护当中。

第二节 构建完善的文化遗产行政管理体系

在法治政府中,行政机关行使公共权力,我国一切行政机关的宗旨是为人民服务。当公民权利与行政权力产生冲突时,应当以保证人民权利的实现为依归。文化遗产中的公众参与权主要需要政府来保障的。其首要的工作原则是依法行政,保障公民权利的实现,以权利为本位,权力为权利让路。为更好地发挥文化遗产保护相关法律法规的功能,应当建立起与之配套的行政管理体系。而一个良好的行政管理体系的建立,首先需要建立专门的文化遗产管理机构来对文物保护工作进行统一管理,其次需要建立统一的文化遗产信息系统,加强队伍建设,扩大保护文化遗产的专业人员队伍,并且建立行政奖惩制度和内部监督制度。

一、政府职能概述

政府在文化遗产保护中之所以起到主导作用,是因为现代政府拥有行政管理职能,其主要包括经济、社会以及文化管理等。而新时代的政府是责任型政府和服务型政府。在2005年发布的《关于加强我国非物质文化遗产保护工作的意见》中,国务院办公厅提出了关于非物质文化遗产保护工作应当遵循的方针和应当实现的目标,并且对工作原则进行了明确,也就是政府主导、社会参与、明确职责、形成合力、长远规划、分步实施、点面结合。[1] 以规范性文件的形式将政府在文化遗产保护工作中的主导作用予以明确。

政府主要有三项职能:一是政府在法律法规规定的职权范围内对社会公共事务进行管理,并且采取一系列的政策和措施,对文化遗产进行保护和传承。一般情况下,文化遗产保护与利用属于行政管理,政府会通过自己的行政权力来确保文化遗产不被破坏。[2] 二是,在企业或社会组织作为政府采购的相对方,为社会、民众提供更多优质服务的同时,政府要发挥其监管作用。这意味着政府要对文化遗产保护承担主导责任,在工作的过程中不能大包大揽,也不能撒手不管,在购买一些企业或者社会组织的服务时,政府要做一只看不见的

---

[1] 王大为. 论非物质文化遗产的保护原则 [J]. 黑河学刊, 2012 (05): 43-45.
[2] 洪伟. 畲族非物质文化遗产法律保护研究——以浙江景宁畲族自治县为考察对象 [J]. 浙江社会科学, 2009 (11): 108-113.

手,发挥政府预防监管的职能。[1] 文化遗产保护工作方针中所强调的政府起主导作用是与其他力量相比较而言的,[2] 政府在发挥作用的过程当中,要将目光放得更长远,避免只追求短期内的政绩,而是要重视长期性、连续性的保护规划和措施,意识到自己在文化遗产保护上的使命和作用,并且充分发挥自己的监管作用。三是,政府起到给付行政的作用。任何公共事业都需要政府的资金支持,尤其文化遗产需要更多经费支持。资金支持的方式有两种:一是直接的行政给付,文化遗产事业本来就是一项公共事业,且文物修缮、保养、非物质文化遗产的传承与发扬都需要大量的人力物力,这时政府应当直接给予足够的经费支持,当然,给付行政的前提是国家经济的高度发展,物质财富的极大丰富,税收制度的科学完善;二是间接的行政给付,这是针对参与文化遗产公益事业的企业、社会公益组织、公民个人的给付,这类给付可以是减免税收等方式。

二、政府发挥职能的具体举措

政府为了更好地发挥文化遗产管理中的职能,需要在信息公开、多方协调、文化遗产普查、规范执法行为、深化文旅融合等方面实施具体举措,培育公众参与文化遗产保护的文化土壤。

(一)政府信息公开

首先,要对信息公开的主体有一个明确的界定。在文化遗产保护当中,文物保护行政部门以及与文化遗产相关的城市规划行政部门是主体,他们掌握着许多重要信息,所在地的资料、未来的发展规划、经济发展定位甚至是城市评估信息等。所以,在信息公开法律进行完善的过程当中,应当对他们进行重点关注,明确部门的职责,同时赋予公民从这些部门当中获得信息的权利。

其次,要将信息公开的内容进行科学地界定和合理地划分。在文化遗产保护相关规划实施的前期,应当向公众公布一些相关的基础资料;到了审议方案阶段,应当将备选方案进行公布,并且解释设计的依据,征求市民的意见;到了实施阶段,应当公布最终确定的方案,并且给出可预测的实施效果。当然,在公开的过程当中,也要注重对一些国家秘密、企业秘密和个人秘密的保护,涉及这些的信息,必须严密,不予公开。

再次,要建立完善的信息公开程序。可以参考域外的政府信息公开制度。

---

[1] 陈振明. 公共管理学原理 [M]. 北京:中国人民大学出版社,2017. 138.
[2] 陈振明. 公共管理学原理 [M]. 北京:中国人民大学出版社,2017. 59.

如信息公开后的回复时限可以参考欧洲环境部长级会议于1998年通过的《公众在环境事务中知情权、参与权与获得司法救济公约》（也称《奥胡斯公约》），该公约规定：政府应当在收到公众有关信息公开的请求后一个月内予以答复，如果有特殊情况，可以延长到两个月。① 在政府信息公开的方式上，可以参考美国的《情报自由法》，该法案将美国的政府信息公开方式规定为三种：第一种是行政机关主动公开，美国行政机关在《联邦登记》上定期公布行政机关的工作方式和职能、程序和实体规则、政策以及其他对公众权利有影响的法律解释。这些信息在公布之前，对公民而言，不具备法律约束力，而其一旦被公布，即便当事人对该内容实际上不知情，也不影响文件的效力和行政机关对该文件的适用；第二种公开方式是行政机关通过发布公告、出版、在政府阅览室中提供相关材料供公众查阅等方式，依职权主动公开，这种方式主要适用于一些有关政策的解释说明、对公众有切实影响的指示、行政裁定等行政文件；第三种方式是依照公众的申请公开，即行政机关本身对某些信息没有主动公开的义务，只有在公民提出申请的时候其才会负有公开义务，这是一种被动公开，这种公开方式适用于除了以上两种方式对应的内容外的其他内容。②

这些国外的经验，让我国有了可借鉴的参考资料。除了公开的内容外，我国还对公开的方式和期限作出了规定：通常情况下，在政府收到申请后，应当在十五到三十天作出答复；而对于公开方式，目前我国无论法律，还是司法解释、规定都以公告的形式公开，同时以网络和电视传媒等其他形式加以辅助，使信息公开渠道多元化。

最后，关于救济程序信息公开的争议有其特殊性。因此，许多有信息公开法的国家，如英国和泰国，都建立了具有专门知识的信息裁判所，在司法救济前解决信息公开纠纷。当事人对政府机关公开信息的决定不满意的，可以在行政救济后向信息裁判所申请救济；当事人对信息裁判所的决定不满意的，可以向法院提起诉讼。③ 因此，我国也可以通过建立相应制度，对公民信息公开的司法救济权利进行保障。

（二）政府协调多方关系

政府各部门在制定解决公共利益的倡议时，往往面临权衡取舍，因为各利

---

① 王远. 环境经济与管理[M]. 北京：中国环境出版集团，2020. 183.
② 冯国基. 面向WTO的中国行政——行政资讯公开法律制度研究[M]. 北京：法律出版社，2002. 31-34.
③ 张明杰. 开放的政府：政府信息公开法律制度研究[M]. 北京：中国政法大学出版社，2003. 192-194.

益群体之间存在着相互竞争的关系。根据西方的利益相关者理论，文化遗产保护涉及直接利益相关者（文化遗产所有权人、社区居民、文化遗产地产业企业等）和间接利益相关者（潜在的游客），各种利益错综复杂。首先，政府应当坚持的价值原则是首先保护直接利益相关者的权益，尊重文化遗产地习俗和礼仪，并遵循当地标准，拒绝唯利是图的商业化行为。

其一，政府可以通过向当地社区、利益相关者和游客普及文化遗产知识和保护措施来提升公众参与度。近十年以来，微博、微信、抖音、快手等社交与信息发布相融合的信息平台迅速崛起，很多文化遗产地政府设立了当地文旅相关的官方账号，与数十亿网友展开互动。作为官方账号运作者的政府，他们既是信息的发送者又是信息的接收者。这无疑向政府提出了一个艰难的挑战：政府与民众之间的开放度与互动性应该鼓励，但是政府的立场是否会因接收到不同主体的信息与需求而有所不同。无论政府立场如何变化，文化遗产保护的首要原则不变，维护文化遗产要素的价值必须得到反复传播，以适应社会的快速发展。

其二，政府可以平衡文化遗产地居民和游客之间的紧张关系，以及外来的异族文化族群和本地族群之间的紧张关系。城市发展、城市中的文化遗产保护利用与多文化融合、文化多样性等关系愈加密切。城市化发展促使一些少数民族或边远地域的民俗、传统技艺等非物质文化遗产进入城市，这使得一座城市里的市民在文化生活上呈现多样性。这种多样性应该被认为是适当的，地方政府应当鼓励民间组织对这些非物质文化遗产的宣传与推广。另一个严峻的挑战是，一些世界遗产城市游客量不断增加。《世界遗产公约》的一些规定让文化遗产地的文旅行政部门认为世界遗产应该对所有人"展示"。然而，如果仔细查看《世界遗产公约》原文的第4条和第5条，会得到一个不同的解释，因该公约坚持的核心目标是"将自然和文化遗产识别、保护、保存、展示并传承给后代"。其中的"展示"一词并不一定意味着不受任何管控地面向所有人开放。换言之，如果"展示"确实是指无限制的旅游，那么这将不利于文化遗产保护、保存和传承，文化遗产的原真性和完整性必将受到威胁。基于此，很多政府近年来对一些世界知名的文化遗产，如故宫、敦煌莫高窟等，对每日的参观人数进行管控，并且每周设一天休息日。这种方式是非常合理的，不仅保证了高质量的游客体验，也保证了文化遗产的妥善保护与可持续利用。

其三，地方政府能够通过文化遗产保护的开展将社区、企业、非政府组织、教育机构、媒体等多方利益相关者的分歧进行弥合与消解。文化遗产保护与利用事业涉及多个领域的多方参与者，包括文化遗产所在地及周边居民、社区、在地专家、各类机构和组织。所有的这些利益相关者应当紧密合作，且他们在政府进行文化遗产保护与利用相关的决策过程中的参与角色十分重要，且必不可少。尽管文化遗产地及其周边的社区、居民是主要的受益者，但在追求遗产保护和可持续发展的过程中，必须共同解决各种不同的利益和需求。近年来，随着城市规模的不断扩大，城市中历史建筑类文化遗产的保护工作难度加大，一些近年来新制定的国际公约（如 Ripple 2018）中提到了"城市中的文化遗产的实际保护与利用的权利本质上属于当地社区"①，且"任何形式的遗产保护，只有当地的社区能够创造文化、社会或者经济价值并从中受益时，才有意义（欧洲理事会，2005）。"而政府需要转变角色，从文化遗产保护的主要实施者变为文化遗产保护工作的引导者和监督者。作为监督者和引导者就需要以全局思维进行考量，并且改革文化遗产保护思路。传统的文化遗产保护思路是将文化遗产经济价值的保护作为主要目标，但是现在这一思想被新的理念所替代，即文化遗产是城市发展和其他过程的一种综合性资源。② 整合跨城市规划、环境保护、文化遗产保护等部门的综合性遗产类项目，并且能够和外部伙伴展开合作，如非政府组织、教育机构、媒体等。

其四，政府作为一个强有力的文化遗产管理者，秉持开放的态度，具有对文化遗产各项集体工作的全面理解能力、能够应对现有挑战的创新动力、强大的经济资源和政治资源、整合能力，兼具政策与执行的灵活性、应对突发风险问题的能力。例如在应对气象灾害、气候变化导致的文化遗产破坏后的修复重建，申报文化遗产、民俗技艺、民歌小调等进入世界遗产名录和世界非物质文化遗产名录，打造群众艺术馆、博物馆、文化馆等公共文化服务场所……尽管文化遗产管理涉及一系列事项，但最重要且始终保持不变的还是文化遗产的首要目标——保护遗产地的可持续发展和遗产地及其周边的社区居民的利益。

（三）深入开展文物普查，编制文物保护规划

目前，我国已经开展了三次全国性的文物普查工作，2023 年启动第四次

---

① 科特·鲁格 Kurt Luger ，马蒂亚斯·里普 Matthias Ripp. 遗产管理——致力于保护和便利、理论和实践考虑 Heritage Management-Committing to Preservation and Facilitation，Theoretical and Practical Consideration［A］. 世界遗产、地点规划和可持续旅游——遗产管理的综合方法 World Heritage，Place Makingand Sustainable TourismTowards Integrative Approachesin Heritage Management［C］. 因斯布鲁克 Innsbruck：因斯布鲁克大学出版社 Innsbruck University Press，2020. 16-30.

② 科特·鲁格 Kurt Luger ，马蒂亚斯·里普 Matthias Ripp. 遗产管理——致力于保护和便利、理论和实践考虑 Heritage Management-Committing to Preservation and Facilitation，Theoretical and Practical Consideration［A］. 世界遗产、地点规划和可持续旅游——遗产管理的综合方法 World Heritage，Place Makingand Sustainable TourismTowards Integrative Approachesin Heritage Management［C］. 因斯布鲁克 Innsbruck：因斯布鲁克大学出版社 Innsbruck University Press，2020. 16-30.

文物普查，这距离上一次普查过去了 12 年的时间。在这 12 年间，不仅文化遗产的数量会有所变化，且文化遗产保护的理念与方式也有所演进。保护文化遗产不能只依靠陈列式的静态保护，而应立足于社会变迁，随着国际文化遗产保护理念的更新，编制一套科学全面的文物保护规划来进行文化遗产的有效保护。应当吸取中华人民共和国成立后北京城市规划失败，众多历史古迹文化遗产遭到破坏的教训，制定科学规划是至关重要的，这一点无论是从国外的巴黎整体性保护还是国内的丽江、平遥古城的发展都可见一斑。

我国的文化遗产有着分布范围广的特点，政府必须事先进行城市发展整体规划，进行科学有效且合理的统筹协调，对文化遗产进行整体保护。政府还应当进行统一部署，对现有文物进行普查，摸清存量，清晰文物的构成和分布，并且加强对这一工作的组织和领导，落实责任到人，加强不同部门之间的协调与合作，切实"摸清文物家底"。为之后的文化遗产保护工作打下基础，促使全国文物遗产保护工作得以顺利展开。

（四）规范文化遗产执法行为，以坚持文化遗产保护与发展为原则

2023 年国务院政府工作报告中提出："加强和创新互联网内容建设。弘扬中华优秀传统文化，加强文物和文化遗产保护传承。实施文化惠民工程，公共图书馆、博物馆、美术馆、文化馆站向社会免费开放。深入推进全民阅读。支持文化产业发展。加强国家科普能力建设。体育健儿勇创佳绩，全民健身广泛开展。"2022 年政府工作报告中提出："在城乡规划建设中做好历史文化保护传承。传承弘扬中华优秀传统文化，加强文物古籍保护利用和非物质文化遗产保护传承，推进国家文化公园建设。"文化遗产保护必须与创造性转化、创新性发展结合起来。中华优秀传统文化是我们的独特标志和精神基因，只有推动中华优秀传统文化创造性转化、创新性发展，才能真正将这种独特的精神基因代代传承。保护是发展的基础，但不发展，也不是真正的保护。更不能以"保护"为名，拒绝学习、拒绝创新。中华优秀传统文化只有适应新时代实现创造性转化和创新性发展，才能发扬光大。

政府要切实履行其职责，对文化遗产保护与利用有效执行。出台相应文化遗产保护法规、建立完善的法律制度，制定关于文化遗产保护的统一国家标准和行业标准，保障《文物保护法》的实施。对博物馆、文物保护单位、非遗传习所、群众文化馆的管理行为进行规范，对这些场所的风险等级进行评估，组织行政执法专门队伍，深入开展执法活动，对违法犯罪行为坚决防范和严厉打击，完善相应执法程序，保障文化遗产保护与利用工作顺利开展。

（五）加大财政投入，鼓励社会资金参与

财政政策是政府在宏观层面对文化遗产公共事业进行的资金方面的补充和调节，有利于财政资源的优化配置，主要包括收和支两方面，"收"主要体现在对企业合理的税目和税率，"支"主要体现在对文化遗产事业提供修缮与日常维护等专项经费。《文物保护法》第十条规定："国家发展文物保护事业。县级以上人民政府应当将文物保护事业纳入本级国民经济和社会发展规划，所需经费列入本级财政预算。国家用于文物保护的财政拨款随着财政收入增长而增加。"文化遗产保护事业是社会公共事业的组成部分，涉及公共利益和国家利益，离不开政府的财政投入。各级各类文化遗产所需要的经费要列入各级财政预算中。仅靠国家层面拨付的文化遗产保护专项资金，对于众多文化遗产的修缮和日常保养而言是杯水车薪，地方各级政府应当采取有效措施，继续增加相应级别的财政投入，做出足够的文化遗产保护专项财政预算，推进文物保护专项资金"阳光工程"，进行资金用途信息的公开化，提升信息透明度，保证文化遗产保护经费支出的有效性。坚持政府投入优先、社会资金多元化的原则，通过捐赠、承包经营等多种形式形成文化遗产保护投资多元化格局，从而缓解资金不足的压力，提高文化遗产保护的水平和质量。同时，通过制定税收优惠政策鼓励企业和社会团体参与文化遗产保护事业。[①]

（六）深化文旅产业融合

近年来，地方政府将文旅融合和乡村振兴进行有机结合。文化遗产保护需要创新性发展、活化利用。重要途径之一是深化文旅产业融合，增强对文化旅游行业和企业的支持力度，包括政策支持、财政支持、税收支持、培训支持等方式。文旅产业发展首先需要用地支持，在较为宽广的空间中打造文旅场所，一些大型的文娱项目舞台、群众娱乐学习、非物质文化遗产手工坊的建设均需要足够的空间，尤其近年来建设长城、大运河、长江、黄河等国家文化公园，这些国家文化公园中包括了博物馆、非遗工坊建设，推动国家文化公园示范区建设，利用文化的扩散影响效应，创建以各种文化遗产为主题的文旅景区，打造一系列旅游精品线路。整合周边文旅资源，积极发展与文化遗产相关联的创意设计、休闲娱乐等特色产业，可以说空间是文旅产业发展的头等重要资源。因此，对文旅项目要进行科学规划、对重大项目要予以优先支持，鼓励创新项目，提高土地的利用率。

---

① 顾江. 长三角文化产业发展蓝皮书 [M]. 南京：江苏人民出版社，2021. 217.

文旅产业中的重要组成部分是文旅企业。对于文旅企业，地方政府应当大力扶持。首先，要降低企业的融资成本，拓宽企业的融资渠道，设置针对文旅企业的专项基金、鼓励企业发行债券。其次，为吸引一些业务成熟的大型文旅企业落地，要加强税费政策支持，降低企业运营成本，从而优化当地的营商环境。同时，各地方政府也可以建设当地国有文旅集团，挂"国"字号的旅投集团更加注重公共利益的维护，对于文化遗产保护也会更加尽心尽力。再次，帮助文旅企业建设企业合规体系，成熟的合规制度能够帮助企业规避刑事风险、行政风险，保障企业的健康运行和可持续发展。最后，要顺应数字化发展要求，搭建文旅企业的信息、技术交流共享平台，善用信息技术、善用数据分析，加强数字政府建设联通文化事业和文化产业，提高治理的效能，对重点文旅企业所需的专利技术提供优惠。①

（七）组织教育培训，提高文化遗产保护水平

现今，文物修复的专业人才目前仍然是个巨大缺口。文化遗产保护除了涉及历史、文学知识外还涉及地理、天文、物理、化学、建筑类的专业化知识，更需要文物修复师具有很强的审美能力，总之，文化遗产培训教育是一项系统而复杂的工程。很多文化遗产修复失败的原因在于没有聘请专业的文化遗产修复团队，如出现水洗三孔、四川乐山大佛美颜失败、河北正定隆兴寺倒坐观音修复失败等案例。我国众多文物修复工序复杂而我国水平高的文化遗产修复技师较少。故宫博物院院长单霁翔曾经表达过一个观点："在体制机制没理顺时，我们的古建筑修缮宁可停一停。"院长说得很委婉，说直白即"等找到会修的人再修，不会修别瞎修。"成为一名文化遗产修复工作者需要长期坚持学习，政府应当注重对这种技能型人才的培养，通过建立培训机构、开办相关学校、与大学进行联合培养等方式，培养出既具备扎实的理论知识，又有着丰富实践经验的专门人才，建立人才培养的相关体系，提高文物保护水平，促进文化遗产保护事业的持续发展。

第三节 行政引导我国文化遗产保护公众参与

政府各部门之间应当协调配合，并引导公众参与我国文化遗产保护事业。

---

① 顾江. 长三角文化产业发展蓝皮书 [M]. 南京：江苏人民出版社，2021. 217.

不仅文旅行政部门，其他的政府部门也应当要意识到文化遗产保护是我们全人类共同的责任，要让文化遗产更容易被公众接近的同时，使文化遗产保护的成果为大众带来益处，提升人民整体幸福感。只有政府部门和社会各界通力合作，文化遗产才能真正得到保护和传承。

一、提升公众对参与文化遗产保护的认识与法治思维

2019年7月6日，在阿塞拜疆举行的第43届联合国教科文组织世界遗产委员会会议上，良渚古城遗址被列入《世界遗产名录》，我国因此超越了意大利，成为世界上最大的文化遗产国家。为此我们感到光荣且责任重大。对于中华民族而言，文化遗产是一个民族光辉历史的记忆，是一个民族文化的独特载体，属于民族的宝贵财富。我们应该将其传承下去，最根本的在于把文化遗产的生命力延续下去，融入当代中国人的物质和精神生活中，成为增强中华民族文化认同感的有力纽带，成为弘扬社会主义核心价值观的良好因素，成为展示中华文明之美的生动榜样。因此，作为国家治理的主体——政府，应当如何提升公众对文化遗产保护的认识，如何促进更多的群体参与到文化遗产保护当中去，如何提升文化遗产保护相关的法律思维，是贯穿于国家的文化遗产工作需要思考的问题。

（一）博雅教育

博雅教育与通识教育相并列，更强调对本民族文化的学习与了解。博雅教育对我们有非常重要的意义，尤其是中国作为五千年的文明古国，作为中国公民更应当加强对本民族历史文化的学习。

如何开展博雅教育呢？一是将博雅教育贯穿每个人的人生以及其生活的方方面面。任何人类的文明思想其实都是围绕"文明的生活"而展开。文明是一种生活方式，这种生活方式就体现在器物、制度、文化观念和日常生活中，展现这个文明所向往的最高精神追求，让博雅教育并不总是以书本知识在课堂传授，而是将对本民族文明的普及深入到衣食住行，让中华民族美好的生活方式与现代化生活方式融合形成一种具有民族文化特征的科学的生活方式。我们也应意识到并不是所有的国家和民族都有经典，中华民族本就拥有深厚的文化底蕴，作为中国人理应对此感到骄傲而自豪，并且以学习中华民族优秀传统文化、以坚持与中华优秀传统文化相结合的生活方式为荣，尤其近年来中国的年轻人对汉服古风的痴迷，形成了古风热、汉服热，在穿汉服的时候感受中华民族文化的博大精深。二是将博雅教育立足于承认一个基本的真理，即承认文明具有连续性，承认经典著作、文化遗产和文明源头对于任何文明发展的作用。① 不应因为西方文明的强势、全球化高速发展、现代的科技进步和近代以来中国的积贫积弱，而中断对中华民族的优秀文化的学习，当人们充分了解到本民族优秀传统文化后，就会产生文化自信，也就愈加珍视本民族相关的文化遗产，让具有物质形态的文化遗产得以留存，让不具有物质形态的文化遗产得以传承下去。

文化遗产保护工作与博雅教育的联系十分紧密。文化遗产是珍贵的耗竭性能源。我国的文化遗产不仅蕴含着中华民族的精神，还蕴含着中国人民的思维方式以及想象力，体现了中华民族磅礴的生命力，是不同民族共同努力下的智慧结晶，为人类文明提供了瑰宝。博雅教育突出古典人文哲学艺术的学习，结合现代自然科学与社会科学的张力，就会教育出具有自由意志、知晓生命意义、懂得什么是真正幸福的人。这些人追求的不是物质，追求的是在物质财富之外获得精神与心灵上的自由。从而，促使人们更加珍视看似不值钱又老旧的东西是真正蕴含着民族精神、传统文化的文化遗产。全社会热衷于对本民族文化遗产的保护，这种保护就是对民族文化的传承，是凝聚民族感情、增强民族团结、维护社会和国家稳定的重要文化基础，也是促进人类发展，维护世界文化创造性和多样性的前提。对文化遗产的保护进一步加强，不仅是促进社会主义先进文化建设的必然要求，也是构建社会主义和谐社会、贯彻落实科学发展观的必然要求。

（二）民族历史教育与文化自信教育

我国的民族历史教育从九年义务教育阶段开始就一直在进行，家庭教育与社会上的宣传教育也经常将民族文化、民族历史教育作为工作的重中之重。历史教育方面的思路可以参考尼采的观点，尼采从人生的需要出发，认为历史教育有三种历史式：纪念碑式（monumentalistische）的历史、好古的（antiquarische）历史与批判（kritische）的历史。"纪念碑式的历史"的典型例子是人民英雄纪念碑上的碑文和浮雕画，我们通过矗立人民英雄纪念碑的方式纪念在人民解放战争和人民革命中牺牲的人民英雄。且在我国的法律上也出现了纪念碑式的历史，如我国1982年《宪法》的序言，也将人民解放战争和人民革命放入到了宪法文本中。让后辈铭记当时的历史，人们可以通过回溯历史，学习英雄先烈的不屈精神，从而激励自己当下的行动，更激起保护我们中华民族这段历史的遗存之志。而"好古的历史"则是客观地呈现古代的生产生活

---

① 甘阳. 文明、国家、大学［M］. 上海：生活·读书·新知三联书店，2018. 332.

状态，尽量不带当代人的价值判断，而是尽量客观地对古代先贤的生产生活给予足够的呈现与尊重，各种博物馆是"好古的历史"的典型例子，客观地呈现不同历史朝代中某个器物或者文书的发展演变。"批判的历史"的价值在于未来，通过对过去历史的批判，对某制度的批判表示对当代先进制度的理解与拥护。很多展览，尤其是对封建酷刑陋习的展览，是"批判的历史"的具体体现。

政府对公众也要进行文化自信教育。现代西方的主流价值观引领全世界，从而生成了文化霸权主义，文化多样性受到了遏制，让很多人认为西方白人的文化都是好的，并将华夏文化与历史矮化。这也有近代以来的历史因素，从达尔文的生物进化论出发，衍生了不同民族文化与文明的高低之分，欧洲文艺复兴时期被很多欧洲的思想家美化了欧洲白人的历史与文化，加之西方列强在全世界扩张，将西方强势文化和文化霸权主义输入殖民地。1840年之后，当时的国民对中国是天朝上国的信心与认知不断瓦解，本意是"哀其不幸怒其不争"的近代思想家与文人，也在推动民众学习西方的先进科技、文化与法律制度，这更加弱化了民众对中华民族的自豪感，打破一切重来的思想浪潮一潮高过一潮，从而推动本国政治道路和法治道路的变革，这导致了很多珍贵的历史文物在一次次的运动中消失被毁。我们在中国共产党的领导下，搬走了帝国主义、封建主义、官僚资本主义三座大山，取得了民主主义革命和社会主义革命的胜利，带领人民走向了共同富裕。在我国国力日益增强的同时，"文化自卑"又逐渐转变为"文化自信"，不再将璀璨的传统文化视为糟粕，现在全国上下都在为中华优秀传统文化传承与发展而努力，国民也更加理智，以审慎的眼光看待外部文化与民族文化相互之间的关系与历史沿革。

（三）法治教育

法治教育的核心是培养公民的法治思维，而法治思维的核心是权利思维。古代臣民与现代的公民最大的区别就在于对于自身拥有权利的认识，法治思维属于一种化解社会矛盾的思维。用不变的简约的法律调整多变和复杂的社会关系。

法治教育在九年义务教育阶段有道德与法治课，且无论在实际生活中，还是在互联网上，很多的法治事件的普及宣传报道，都可以作为法治教育的渠道和方式。而各个层级的文旅行政部门积极落实法律顾问制度也可以视为法治教育的重要方式，通过配备法律顾问为行政机关处理文化遗产事务提供法律咨询服务，为公众普及文化遗产相关法律知识，组织党员干部、法律工作者、文化遗产社工志愿者等入村入社区进行文化遗产法律宣讲，开展多种形式的文化遗产展览和非遗演示，印制发放宣传材料，让公民知晓其对文化遗产的权利与义务。

树立文化遗产法治教育从娃娃抓起的理念，在义务教育中，将历史文化教育与法治教育相结合，将"非遗进校园"活动和法治实践相结合。树立把文化遗产法治教育贯穿于历史文化教学的全过程理念，健全各层级学校的历史文化教育与法治教育相结合机制，切实增强在校师生的历史文化遗产法治观念。树立媒体成为文化遗产法治教育最强阵地的理念，善于运用新媒体新技术普法，以用户的不同需求偏好出发，综合运用动漫、短视频、弹幕、超文本标记语言等新手段新范式，提高文化遗产法治宣传教育的实效。

（四）公共品德教育

文化遗产保护工作需要培养公民的文化遗产保护意识和品德。人们普遍基于个人认知、责任感和价值观，主动参与和采取行动，针对文化遗产保护问题进行防范和解决。[①] 立法提供外部保护，而公民的认识是内在，只有公民树立了通过内化道德来对文化遗产进行保护的观念，才能够主动参与文化遗产保护。现如今，对于我国公民来说，文化遗产品德教育还需要继续增强，很多人对文化遗产所代表的社会公共利益以及不确定多数人的公益重视程度不够。在当今时代，如果不能妥善保护文化遗产，侵害文化遗产的案件日益增多，将极大地损害到公民甚至是国家、社会的利益。这就要求我们正视公民文化遗产品德教育，让公众意识到不仅要"自扫门前雪"，还要关心"他人瓦上霜"，保护文化遗产这块"公地"。在法治社会中，面对权益受到非法侵害，任何负责任的公民都应该积极主动地站出来行使权利，也可以提起公益诉讼，为公益而战，这不仅是为了保护公共利益，也是对我们自身权益的一种维护，这是公民的公共道德所要求与提倡的。树立公共品德，才能够激发出公众对文化遗产的大爱，才能够让文化遗产保护在公共品德的沃土上生根发芽。

（五）对文化遗产保护重要性和现实情况的普及

伴随着经济全球化的发展，文化生态正发生着巨大变化，许多威胁降临到文化遗产及其所需的生存环境上。一些历史文化名城、古遗址、古建筑等风景区整体风貌和旅游资源受到严重破坏。一些地区的违法犯罪活动，诸如文物非法交易、古遗址、古墓葬盗掘、文物走私等行为没有得到有效遏制，这使得许

---

① 张国超. 我国公众参与文化遗产保护行为及影响因素实证研究[J]. 东南文化，2012（06）：21-27.

多珍贵文物都"有家不能回",流落在了境外。由于不合理的开发和利用,有许多无法复制的文化遗产只能面临着失传或者是消亡。伴随着时代的发展,人们的生活环境和条件都发生了一定的变化,这使得在文化遗产较为丰富的少数民族地区,民族或地域文化特色在加速消失。因此,对文化遗产的保护必须立即行动,刻不容缓。有关部门和地方政府必须履行自身职责,从维护国家文化安全的角度出发,秉持对国家和历史负责的态度,切实增强紧迫感。公民也需要充分意识到对文化遗产进行保护的重要性,做好保护文化遗产的工作。①

二、提高公众参与的途径

提高公众参与的途径可以通过社区、企业、政府三个维度入手进行讨论。

(一)社区

社区对文化遗产具有直接保护的作用,但我们更应注意处理社区与外部利益相关者之间提出的道德问题。习近平在2023年6月举办的文化传承发展座谈会上发表重要讲话,指出中华文明的五个突出特性:突出的连续性、创新性、统一性、包容性、和平性,这五个突出特性构成中华文明的"精准画像"。其中,连续性和创新性就需要将文化遗产保护与现代人的生活相结合,与经济利益相结合。人离不开自然、离不开文化遗产所带来的文化与艺术价值,同时需要文化遗产能够创造经济价值,人的物质生活和精神生活都能够兼顾,因此,应当提高文化遗产商业利用中的经济导向和社区导向。社区应当强化对文化遗产保护与民生改善基础设施建设的空间管控,由社区建设统一规划、统一实施,总体上要求文化遗产保护的原真性和完整性,与城市建设与乡村振兴相结合。其实,无论是经济发展战略还是文化传承与发展战略,最后实施落地都在社区,社区在文化遗产保护与传承发展上起着至关重要的作用。一些必要的文化遗产保护与监测设施也应当尽可能地布置在社区内,如在现有建设用地上新建文化遗产保护站、监测设施等,但是这些设施不能破坏文化遗产的原真性,而且结合实际需求尽量选用绿色可移动装配式的且与周围环境相融合的建筑方案,在社区内规划形成有序有度、生态与文化共存、文化遗产与保护监测设施并存的统筹协调的格局,提高文化遗产保护社区参与的科学性和灵活性。文化遗产社区可以说是一个文化遗产价值留存与转化的基地、以地域资源为特色,具有文化遗产保护、展示、传承、文化休闲、科研教育、生活宜居

---

① 参见《国务院关于加强文化遗产保护的通知》,国务院发布于2005年12月22日,发文字号为国发〔2005〕42号。

的功能。健康的生态文化系统是社区最重要的资产，因此要维护社区利益平衡发展特色，打造基于本地独特生态与文化资源和优质生活质量的绿色社区与生活方式品牌，以此吸引投资，发展绿色型、知识型、休闲型社区，做到文旅融合，社区居民正常生活与游客观光事项的融合，提高社区居民生活质量、提高游客观光满意度，同时也要限制靠近文化遗产的商业开发，避免过度商业化，避免建设嘉年华和商场式旅游景点。在交通方式上，替代私家车，尽量采用公共交通、骑乘、步行等方式。利用历史资产促进经济发展，保护本地文化特色，激励非遗传承人、社区居民创新创业，追求可持续、有活力、稳定和多元化的本地经济发展。近年来，我国出现了很多文化遗产特色小镇，尤其以江苏省和浙江省的文化遗产特色小镇居多，如乌镇、南浔古镇等，在传统江南文化与现代文化的碰撞中交融，在外来游客商业发展与当地居民文化的碰撞中迸发出强大的生命力。

（二）企业

我国针对文化遗产的经营保护与利用问题曾多方探讨。文化遗产的所有权属于国家、集体，但可以赋予企业文化遗产经营权，用此方式对文化遗产相关权利进行切割，企业可享有文化遗产经营权。但这一制度运行中仍出现不少问题：有的文旅企业或是将文化遗产过度开发，或是以流量为主、博眼球，把文化遗产所蕴含的文化与史实加以歪曲，片面追求利润，专注于企业的经济效益，而忽视企业的社会效益。因受制于经营权合同，文化遗产交给企业管理后，如文旅行政部门疏于对文旅企业进行监管，则文化遗产将面临毁损灭失的灾难。

文旅企业应当成为中华优秀传统文化创造性转化、创新性发展，繁荣文化事业的排头兵。因企业自身的逐利性，在经营文化遗产时可以凭借创新的现代科学技术、合理的商业模式和知识产权保护产生经济效益。文化创意产业依靠对文化遗产的创新与数字化，以文化遗产为原型进行动漫、电影、软件、游戏、数字藏品创作。为企业自身创造财富，为产品的受众者提供文化之美，同时也是对文化遗产保护知识的普及与宣传。文化的现代化离不开现代文化产业体系和市场体系，通过市场体系有效配置资源，最终实现社会效益和经济效益的有机统一。

（三）政府

1. 发挥政府职能，提高社会公众参与的积极性和技能

（1）充分发挥政府作用

"政府主导"的文化遗产保护管理体制的优势是集中力量办大事，但是也

形成我国公众缺乏参与文化遗产保护的积极性和主动性的劣势。大多数情况下，公众参与文化遗产保护活动都是被动的，普遍缺乏主动参与的意识，如2012年河南省政府发布《河南省非物质文化遗产条例（草案征求意见稿）》时向公众征求意见，公众参与度较低，草案在河南省人大和政府官网上挂了十几天都无人回应。① 这个事件表明，虽然政府已经意识到文化遗产保护"社会参与"是一件至关重要的事情，但是在现实当中，公众愿意参与进文化遗产保护工作的可能性并不高。要想解决这一问题，政府就必须设法调动社会各界的积极性，吸引社会各界参与到文化遗产保护中来。政府可以加大对文化遗产保护的宣传力度，组织包括专题讲座、开设专栏等宣传活动，为社会营造出一个公众参与文化遗产保护的氛围，让公众认识到文化遗产保护事业不是遥远的事项，而是关系着普通大众、关系着你我他的大事，在潜移默化当中增强民众的文化遗产保护意识。

政府还应当重视宣传媒体所带来的社会舆论导向的作用，让媒体发挥出普及教育和宣传动员的作用。对于文化遗产保护这种具备一定专业性的工作来说，社会公众想更好地参与进去，就要具备一定的专业素养，但是从整体上看，我国公众的相关文化遗产保护与修复的专业知识比较匮乏，这让公众对于文化遗产保护的关注度和参与度大大降低。对于这种情况，政府必须做出改变，通过普及文化遗产知识、开展相关教育等多种形式来增强公众对文化遗产的保护意识并提升其能力。

（2）保障社会公众的知情权、参与权、监督权

美国的文化遗产管理机构——国家公园管理局明确规定：对于重大事务，在进行决策的过程中必须公开，并且让公众参与其中，鼓励公众参与规划，多次征求公众意见，并且在一定的范围内进行全民公决，保障公众参与文化遗产保护的话语权。②

在吸收美国经验的基础上，对于保障公众知情权、参与权、监督权，我们可以从几个方面着手：首先，政府应将文化遗产及相关工作信息公之于众，使公众对其拥有更进一步的了解，知晓文化遗产保护的最新动态。其次，政府在进行决策时，应当开通吸收公众意见的相关通道，公众可以在这些通道当中提出自己的看法和批评建议，政府收到这些反馈后，要对其高度重视，根据公众意见对自己的决策进行修正。再次，政府应开通相应的监督渠道，自觉接受公

---

① 齐鹤，周文茹. 河南非物质文化遗产条例网上征求意见遭冷遇 [EB/OL]. 央视网. 2012-07-07/2022-10-29.

② 张国超. 美国公众参与文化遗产保护的经验与启示 [J]. 天中学刊，2012，27（04）：128-131.

众监督,及时处理公众举报,公开处理结果。最后,各级政府要根据实际情况制定中央与地方行政法规,虽然从法理的角度看,公众有权参与文化遗产保护,但是这种权利尚且缺乏法律的具体规定,不具备可操作性。所以,对于这种情况,地方政府应当出台相应的举措,明确公众参与保护文化遗产的相关程序和政府职责,让公众参与文化遗产保护有法可依。

(3) 政策引导企业法人、营利性非法人组织

政府如何引导企业法人、营利性非法人组织作为公众参与主体更好地促进文化遗产保护与利用?首先,政府应当坚持把文旅产业和企业的社会效益放在首位,社会效益和经济效益相统一,不仅要求建立相应的政策模式,也需要建立能够有效实施文化产业目标导向的政策措施。从政策效果来看,公共政策可以分为两种类型,一是以限制、管控为目的的"规制措施";二是以引导、扶持为目的的"奖励措施"。毋庸置疑,以文化遗产为基础与创新来源的文化产业的社会效益导向与市场导向同样需要"规制措施"与"奖励措施"。但是,社会效益导向的政策措施以减损文旅企业的利益为主,故而主要讨论其"规制措施";市场效益导向的政策措施以增补文化企业的利益为主,因而主要讨论其"奖励措施"。文化产业及相关政策的"规制措施"条款,尽管从直接层面构成了对文化企业及其从业人员的某种"限制",但是其终极目的是维护文化产业的意识形态属性,确保文化产业的发展始终"坚持把社会效益放在首位,将社会效益和经济效益相统一",因而其本质上也是促进文化产业发展的重要政策措施。为实现文化产业的社会效益导向目标,我国需要建立文化产业的行业规制和行政规制的政策措施体系;为实现文化产业的市场效益导向目标,需要完善针对文化产业的财政补贴和税收优惠等政策措施体系。[①]

(4) 建立科学的专家咨询制度

文化遗产保护是一项对专业性要求颇高的工作,所以政府职能部门应当通过与高校和科研单位进行合作来提高政府在行使职权过程中的专业性,避免因为"不专业"而给工作带来负面效果。文化遗产保护工作做得较好的国家,诸如英国、韩国等,其无论是中央还是地方,都设有技术咨询机构,这些机构以专家学者为核心,其工作内容是为协助政府制定政策、提供技术咨询,直接参与到政府文化遗产保护的相关工作当中。

我国同样高度重视发挥专家学者的专业性,并且通常采用设立科研项目的方式来组织专家为政府提供建议,让专家学者参与进文化遗产保护工作当中。

[①] 周刚志,王星星."文化强国"目标下的文化产业政策导向与选择 [J]. 湖南大学学报(社会科学版),2022,36 (01):123-131.

然而，这种形式存在着一定的问题，学者纸上谈兵或者高屋建瓴谈理论的情况很多，缺乏在实地进行具体保护修缮工作的实践。若是想解决这一问题，地方政府应当在各个文化遗产点设立相关研究所和管理机构，研究所可以和实地的文化遗产管理机构合署办公，让专家下沉到文化遗产实地，更好地参与文化遗产保护的实操，做到理论与实践相结合。如此，专家为政府提供相关咨询才会更加科学、接地气，从而减少政府在决策过程中的失误概率。

2. 加大宣传力度

（1）政府层面

政府在实施文化遗产保护宣传工作的过程中可以采取以下措施：第一，将宣传范围扩大到全国，创新宣传形式，利用网络媒体等手段，通过拍摄相关视频、广场投屏等方式加大宣传力度，提高影响力。第二，重视在基础教育中普及文化遗产保护的基础常识，开设相关课程，支持学校在校内建立博物馆，并且定期组织学生们参观，从而提高学生对传统文化的了解程度。第三，具体问题具体分析，针对农村和城镇地区的差异分别实施不同策略，对于农村地区，应当加大引导工作，给予在乡村的文化遗产保护修缮的财物支持，并且加大对文化遗产保护的普及和宣传力度。第四，重视法律制定工作，不断完善相关立法，并且加大文化遗产法治宣传教育，提高人们对文化遗产保护相关法律的重视。

（2）社会专业人员层面

专业人员可以采用以下方式加大宣传力度：第一，举办公共讲座。让专家和学者面对公众进行系列讲座，并且制作成视频等音像资料，进行多渠道播放。第二，举办主题活动。围绕当下考古以及文化遗产保护的热点问题进行素质教育或者是知识普及活动，通过这种形式实现公众参与。第三，出版相关的科普读物。将需要公众了解的文化遗产保护相关知识进行整理，并且以书籍的形式发表出来，过程中要注意内容的专业性、系统性，并且保持通俗易懂，在调动公众对文化遗产保护兴趣的基础上加大宣传力度。第四，开展相关咨询服务。通过组成专业团队，对公众在文化遗产保护方面的相关疑惑进行解答，并且提供公益性质的咨询和文物鉴定等服务。第五，加大教育界与文化遗产保护界的合作，组建普及文保知识的专业性学术组织。

（3）普通群众层面

对于普通民众来说，他们可能对历史文化遗产的保护并不了解，或者不知道如何参与到保护工作中来。针对这种情况，我们可以采取以下几种方式来提高民众的积极性和主动性。

首先，我们需要加强对历史文化遗产相关知识的宣传和教育。通过各种渠道，如广告、展览、主题活动等，向公众普及历史文化遗产的重要性和保护方法。这不仅可以增加公众对文化遗产的认识和了解，还能激发他们对保护文化遗产的热情和积极性。同时，我们也可以通过学校教育、社区活动等方式，让更多的人参与到文化遗产保护中来，形成全民参与的良好氛围。其次，我们可以采取一些具体行动来鼓励公众参与到文化遗产保护中来。例如，可以举办"国际博物馆日"等活动，鼓励公众参观博物馆，并且认真聆听博物馆讲解员的专业讲解。这样可以让公众更加深入地了解文化遗产的历史、艺术和科学价值，进一步提高对文化遗产的认知和了解。此外，我们还可以加大对农村地区的宣传力度。在农村地区，村民们可能对文物保护的意识相对薄弱。因此，我们需要通过各种渠道向他们宣传文物保护的重要性，让他们了解文物保护的相关法律法规，并且鼓励他们在发现破坏文物行为时积极制止和上报。这样不仅可以保护文物的安全，还能提高村民们的文化自信和民族自豪感。最后，我们还可以通过建立和完善公众参与的机制和平台来提高公众的参与度。例如，可以建立文化遗产保护志愿者协会、社区文化遗产保护小组等组织，让公众可以参与到文化遗产保护的具体工作中来。这些平台不仅可以提供公众参与的机会，还能促进公众与政府之间的合作与沟通，形成良好的互动机制。

第六章 文化遗产公益诉讼制度的完善路径

完善文化遗产公益诉讼制度，从而增强公众参与文化遗产保护的司法保障。2017年全国人大常委会通过了《民事诉讼法》及《行政诉讼法》的修订，明文规定了公益诉讼制度。近几年来，尤其是2017年国家机构改革后，检察机关将公益诉讼作为重点工作，在生态环境和资源保护、国有资产保护、国有土地使用权出让、食品药品安全这四个领域取得了巨大进展。然而，目前关于公益诉讼的立法与司法并不完善，因为忽视了一个重要领域，即文化遗产保护领域。自党的十九大以来，党中央多次强调树立文化自信、保护与传承好中华优秀传统文化，加强文化法治环境建设。文化遗产具有很强的公益属性，是中华传统文化的物质体现，本章节旨在对文化遗产保护的最后一道法律防线——公益诉讼进行研究。

第一节 建立文化遗产保护公益诉讼制度的必要性

文化遗产具有精神价值和艺术、科学价值，具有不可再生性与不可替代性，这就决定了我们对文化遗产的保护一时一刻也不能松懈，关系着维护国家利益和社会公共利益。即使是私人所有的文化遗产因其具有的民族精神文化内涵，也可认定为"准公物"性质。公众参与文化遗产保护司法保障的主要方式是建立文化遗产保护公益诉讼制度。则完善文化遗产公益诉讼制度有其必要性。文化遗产具有宝贵价值，但文化遗产保护的立法现状不乐观。这是建立文化遗产保护公益诉讼制度的重要因素。

一、文化遗产的本质属性要求公益诉讼保护文化遗产

文化遗产一旦灭失，就不能为人类重新拥有。发展创造是一个不断延续的

过程，我们只有利用前人留给我们的文化遗产，一代又一代地传承延续，才能产生新的发明创造，起到事半功倍的效果。从这个意义上讲，可持续发展的价值导向需要对文化遗产进行保护。

其一，文化遗产具有不可替代性、不可再生性、不可修复性等特点，因此文化遗产的保护需要天天 24 小时不间断给予关注和强有力的保护，也就是说文化遗产保护应具备预防性、及时性和强制性，只有这样才能实现文化遗产保护与中华优秀传统文化创新发展。这就要求我们在保护文化遗产的过程中要具有预防性措施，勤于调查监督，建立督察监督体制，明确权责，将破坏行为扼杀于摇篮之中。增加法律的可操作性条款，使执法有据，将现有法律规定中存在的漏洞消除。在文化遗产保护的最后一道司法防线方面，应从实际问题出发，明确具体的诉讼主体，对公民法人的权利义务作出合理规划，对国家机关的权利义务作出明确规定。在文化遗产保护的司法保障中，单纯的民事诉讼、刑事诉讼、行政诉讼不能完全涵盖文化遗产保护事项，因文化遗产涉及公共利益，则公益诉讼制度的建立和完善对于文化遗产保护司法保障的增强有着极为重要的作用。一般而言，公益诉讼是指特定的国家机关和相关的组织和个人，根据法律授权，对违反法律法规，侵犯国家利益、社会利益或特定的他人利益的行为，向法院起诉，由法院依法追究法律责任的活动。法律强制力属于公益诉讼保护手段的显著特征，因此文化遗产保护可以借此获得法律强制力。此外，只有社会公众广泛参与才能使公益诉讼得到实施，这代表着广泛的监督，维权主体能够及时发现破坏文化遗产的不法行为并利用法律诉讼手段予以制止。这与文化遗产保护的预防性、及时性和强制性的要求完全契合，因此公益诉讼制度适合在文化遗产保护事业中确立。

其二，在连续性的要求方面，司法与文化遗产有着异曲同工之妙。美国著名法学家博登海默认为，秩序是在社会和自然进程中存在着的某种程度的一贯性、确定性和连续性，无序就意味着存在非连续性或断裂。[①] 而文化遗产是历史文化的重要组成部分，它就像一条奔流不息的长河不能被中断，如果遭受损失将无法弥补，人类将永远失去文化遗产所代表的灿烂文明和历史。这代表着文化遗产需要一种强有力的秩序来保护其安全。通过法律规范实现将有序关系引入文化遗产保护中来，这是最稳妥可行的途径之一。而文化遗产公益诉讼制度是法律秩序保护文化遗产最明显的体现。

---

① ［美］博登海默. 法理学：法哲学与法律方法 [M]，邓正来译. 北京：中国政法大学出版社，2017. 227.

二、公众参与文化遗产保护需要公益诉讼

公众参与和公益诉讼是两个互相关联的概念。公众参与是指公众在政治、经济、社会和环境决策过程中参与的程度和方式。而公益诉讼是为保护公共利益而提起的诉讼。在某些情况下，公众参与可以促进公益诉讼的提起。例如，如果公众对文化遗产问题感到不满，可以通过公众参与的方式向当局提出建议或抗议。这可能会引起当局的关注并促进公益诉讼的提起。另一方面，公益诉讼可以促进公众参与。如果一个公益诉讼案件获得了成功，那么公众可以感受到他们的参与和支持是有价值的，这可能会激励更多的公众参与到文化遗产保护的问题中来。总之，公众参与和公益诉讼是相互促进的，两者的合作可以为社会带来更多的公共利益。

文化遗产上所附着的相关公民权是实际存在的且可实现的合法权利，法律保护公民的诉讼权利。"无权利则无救济"，法理学把救济分为公力救济和自力救济，随着法律制度的完善，公力救济逐渐强大。为保障公民合法权利，司法途径成为最终的救济手段。在法治社会，赋予公民诉讼权利是公民寻求公力的司法救济的前提基础，诉讼需要完整的诉权才得以进行。社会公益是由所有公民权益的有机结合，赋予公民针对社会公益受损事件提起诉讼的权利。根据我国现行宪法规定，中华人民共和国的一切权力属于人民，我国公民对文化遗产保护也享有相关权利，文化遗产公益诉讼是公众参与文化遗产司法领域的具体表现，也是对公民诉讼权利的认可。可是在当今的公益诉讼司法实践中，很多由公民所提起的公益诉讼案件得到的是不予受理或者是起诉被驳回的处理决定。即使个人作为公益代表人提起诉讼，但由于诉讼双方完全处于不平等地位，个人诉讼权利难以实现，也影响公民通过公益诉讼保护文化遗产。文化遗产是属于全人类的共同财富，每个公民都应该对它负有爱护和保护的责任。在实践中文化遗产的保护只有政府和专家的参与是不够的，必须让公众广泛参与到保护文化遗产的队伍中，依靠群众的力量保护文化遗产。如果没有公益诉讼渠道，那么就会造成有意想要保护文化遗产的公众"心有余而力不足"的尴尬局面。

三、我国文化遗产公益诉讼立法具有局限性

目前，关于公益诉讼的一般法律包括《民事诉讼法》《行政诉讼法》（2017年修订），"类一般法律" 1个，即2015年制定的《全国人民代表大会常务委员会关于授权最高人民检察院在部分地区开展公益诉讼试点工作的决

定》，最高人民检察院和最高人民法院颁布的公益诉讼相关司法解释 25 个。在这些法律法规、司法解释中并没有"文化遗产"类似的字眼存在，这里就有一个理论上的难题，即，文化遗产归属于生态环境和资源保护、国有资产保护、国有土地使用权出让、食品药品安全这四个公益诉讼领域中的哪一类。文化遗产大体分为可移动的物质文化遗产、不可移动的物质文化遗产和非物质文化遗产。作为人文遗迹的不可移动文物是否属于环境中的重要组成部分；遗址、古墓葬中挖出的可移动文物因其为国家所有，在受到破坏的情形下能否提起公益诉讼；私人所有的不可移动文物受到损毁，在所有权人不提起一般诉讼的前提下，文化遗产保护公益组织和检察机关是否能提起公益诉讼；非物质文化遗产的存续与传播受到影响，是否可以提起公益诉讼。如果把以上问题讨论透彻，公益诉讼理论研究就会更加完善。除此之外，各地文化遗产保护的公益组织众多，是否可以和检察机关一同作为行政公益诉讼提出主体，公民个人是否能够成为民事和行政公益诉讼提出主体，也是将公益诉讼理论研究推进的一个重要步骤。总之，文化遗产保护公益诉讼从主体、内容、范畴、程序上均有很多理论性工作需要梳理，具有极大的理论研究价值。

第二节 建立文化遗产保护公益诉讼制度的可行性

现有的学术探讨、可供参考的法律模式范本、广泛的群众支持以及种种有利条件都增强了通过公益诉讼保护文化遗产的可行性。建立文化遗产保护领域的公益诉讼制度难度小、障碍少、成本不高，因而可以广泛推广实行。

一、学界探讨热烈

我国学界的公益诉讼制度研究成果丰富，多集中在环境保护领域。法学界也已经注意到在文化遗产保护方面司法救济的重要性，在 2017 年《民事诉讼法》修改之时，中华人民共和国全国人民代表大会常委会委员提出了将文化遗产保护纳入司法救济范围之内，但是最终并未采纳该委员的观点。2017 年修订的《行政诉讼法》也缺少文化遗产保护公益诉讼的相关法律规定。文化遗产公益诉讼制度在立法上有空缺，且学术成果也不多，仅有几篇期刊文章和博硕论文，如李响的文章《公众参与文化遗产保护的公益诉讼进路研究》[1]、崔璨的文章《传统诉讼制度下文化遗产保护的障碍及出路》[2]，崔璨的博士论文《历史文化街区法律保护研究》[3]和赵海怡的硕士论文《论文化遗产保护的公益诉讼制度》，以上有的文献从文化遗产司法救济制度入手探讨了公益诉讼实施的可行性与必要性，有的文献从原告资格、诉讼程序设置等方面构建文化遗产保护的公益诉讼制度。目前在我国文化遗产保护公益诉讼制度尚未完善，缺乏传统文化遗产保护的最后一道司法救济屏障。然而，很多其他国家和地区的法律规定已允许公民和社会组织以全民集体文化权受侵害为由向当地法院起诉，欧洲人权法院、法国行政法院和英国高等法院已有相关案例。这些国外经验为我国文化遗产公益诉讼制度的构建提供了蓝图。

二、为现实法律模式提供参考范本

经过对公益诉讼制度的不断探索，我国公益诉讼制度模式已初具成型，由《民事诉讼法》和《行政诉讼法》作指导性概括性规定，特定领域的单行法规定特定领域的公益诉讼制度，这种方式被称之为基本法与单行法相互配合的立法模式，是目前我国公益诉讼制度所主要采取的模式。

我国2017年修改《民事诉讼法》时，首次对公益诉讼的相关内容作出明确规定，2023年9月修改后的《民事诉讼法》依然保留当时的公益诉讼条款。[4]对有关机关和组织的主体资格进行了确认，不再将起诉主体局限于有直接利害关系的人，而是直接依据法律的授权，即"法律规定的机关和有关组织可以向人民法院提起诉讼"，且对这些"机关或者组织提起诉讼的，人民检察院可以支持起诉"。我国《行政诉讼法》第二十五条也规定了行政公益诉讼，即行政行为的相对人以及其他与行政行为有利害关系的公民、法人或者其他组织，有权提起诉讼，并且规定了人民检察院在履行职责中发现生态环境和资源保护、食品药品安全、国有财产保护、国有土地使用权出让等领域负有监

---

[1] 李响. 公众参与文化遗产保护的公益诉讼进路研究 [J]. 中国高校社会科学, 2019 (06)：80-90+156.
[2] 崔璨. 传统诉讼制度下文化遗产保护的障碍及出路 [J]. 理论月刊, 2016 (10)：120-125.
[3] 崔璨. 历史文化街区法律保护研究 [D]. 中国人民大学, 2013.
[4] 2023年9月重新修订的《民事诉讼法》第五十八条 对污染环境、侵害众多消费者合法权益等损害社会公共利益的行为，法律规定的机关和有关组织可以向人民法院提起诉讼。
人民检察院在履行职责中发现破坏生态环境和资源保护、食品药品安全领域侵害众多消费者合法权益等损害社会公共利益的行为，在没有前款规定的机关和组织或者前款规定的机关和组织不提起诉讼的情况下，可以向人民法院提起诉讼。前款规定的机关或者组织提起诉讼的，人民检察院可以支持起诉。

督管理职责的行政机关违法行使职权或者不作为，致使国家利益或者社会公共利益受到侵害的，应当向行政机关提出检察建议，督促其依法履行职责。行政机关不依法履行职责的，人民检察院依法向人民法院提起诉讼。

维护国家利益和社会秩序是设立公益诉讼制度的主要目的，经法律授权任何主体均有权成为公益诉讼案件的原告方。公益诉讼扩大主体范围，使不适格的诉讼主体参与其中，这与私益诉讼不同，能为保护国家和社会公共利益提供更好的制度保障。它用连接个案与法治的方式，为解决"公地悲剧"的发生提供了可行的方案。在某种程度上，将公民纳入公益诉讼起诉主体范围，不仅是对公共利益的维护，还有助于行政监督。

现行的民事诉讼法和行政诉讼法都对环境污染、食药安全和消费者权益等方面的公益诉讼进行了规定，为了保护社会公共利益，人民检察院、相关机关和组织有权就污染环境或者侵害众多消费者权益的行为依法提起诉讼，追究相关责任人的责任。这为文化遗产保护领域的公益诉讼制度的建立提供了可供参考的现成模式。

三、群众基础广泛

"文化遗产是属于全人类共同所有的"这一观念是保护文化遗产的强大的动力，公益诉讼和文化遗产两者之间具有共通性，文化遗产保护会得到社会公众广泛关注和参与，具有广泛的群众支持。

一方面，"人民的拥护就是最大的荣誉"。坚持广泛性，公益诉讼案件均与人民群众息息相关，以公益诉讼的方式解决文化遗产保护难题，保障公民个人、社区、国家、民族的利益，促进中华文明的传承和发展。保障公益的法律是具有温度的法律，很多办理公益诉讼案件的检察官和法官都具有家国情怀。另一方面，广泛的权利主体有权参与文化遗产保护公益事业。文化遗产保护权利主体包括个人、社区、社会团体和政府等，导致诉讼原告资格的主体具有广泛性，而这恰恰与公益诉讼主体广泛的特性不谋而合。保护公益性正是确立公益诉讼制度的根本所在，公众参与文化遗产保护的广泛性为建立相关公益诉讼制度提供有力的主体支持。在构建制度时，应该使原告的诉讼地位、权利义务、参与诉讼的程序等事项明确化。

第三节　构建完善的文化遗产保护公益诉讼制度

在强调文化自信、将文化作为重要生产力的时代背景下，祖先留给我们的文化遗产是当今文化创意产业和休闲娱乐业的发展源泉，对中华民族精神存续和国家经济发展有着举足轻重的作用。将文化遗产保护案件纳入公益诉讼范围内，用公益诉讼制度构建中华优秀传统文化保护的最后一道法律屏障有着重要的实践意义和理论意义。现阶段文化遗产公益诉讼缺乏公众参与，缺乏公益诉讼的权利基础，公益诉讼的受案范围亟待明确和规范。论证文化遗产保护公益诉讼制度的完善路径。分为以下几方面内容：

一、完善文化遗产公益诉讼的立法体系

完善文化遗产司法保护的立法体系，建立文化遗产保护公益诉讼制度，并通过立法确认制度建设。文化遗产是属于"公共利益"范畴的，公益诉讼是保护公共利益的有效途径，两者在保护公共利益方面具有相同性，所以将文化遗产纳入公益诉讼的保护范围是有必要且有可能的。现行公益诉讼相关立法和司法解释中有个技术漏洞，即规定公益诉讼存在于四个领域，外加一个"等"字。然而，法无禁止即自由，不应该通过"等"字来扩展公益诉讼领域。因此，应当在《民事诉讼法》《行政诉讼法》和相关司法解释涉及公益诉讼受案范围的规定中直接增加文化遗产保护领域，或者直接制定《公益诉讼法》将文化遗产保护相关的民事公益诉讼和行政公益诉讼制度规定其中，就可以避免了现行立法技术的漏洞，也省去现阶段文化遗产受到损害提起公益诉讼首先要论证文化遗产属于国家公共财产和环境资源这一步骤，且以国家立法、巩固司法的方式提升了传承和发展中华优秀传统文化这一国家战略的重要性。如在民事诉讼法和行政诉讼法中设置公益诉讼专章或者专门制定《公益诉讼法》将成为我国诉讼法研究的一大创新。以立法的方式确立文化遗产领域公益诉讼制度是第一步，此外还要规定公民参与的原则和诉讼的具体内容，制定严密全面的立法，使公民在保护文化遗产的具体实践中有法可依。

二、文化遗产保护公益诉讼的相关权利的实体转化

进行一系列制度性设计，将文化权利由宪法层面的宣言性权利转化为能够

提起诉讼的实体权利。诉诸文化遗产保护公益诉讼的相关权利实体化。文化遗产公益诉讼公民文化权相关，将原则性强的文化遗产权转变为实体性、可诉性权利需要进一步论证。文化遗产公益诉讼的制度建构应当以文化权在法律中的确立为基础，以《民事诉讼法》《行政诉讼法》《文物保护法》中相关规定为依据。论及文化遗产保护公益诉讼，文化权是一个不容回避的问题，文化权是文化遗产法的核心问题，是文化遗产保护诉讼的基础，文化权是一项独立的权利，应当能够通过诉讼方式得以实现；且文化权带有公共利益属性，那么文化遗产公益诉讼也就理所应当成为文化权从理论到实践的重要途径。文化权与文化遗产公益诉讼是"权利"与"权利实现"的关系。在宪法层面就应确立公益诉讼是文化权实现的重要途径，并以《文物保护法》《民事诉讼法》《行政诉讼法》的相关规定为依托，这是文化遗产保护公益诉讼实现政治国家与公民社会平衡的必然要求。

另一方面，在宪政背景下，公民社会与政治国家的界分为公民社会与政治国家相抗衡提供了规范形式和法律保障，这种界分必须由法治来完成，宪法及法律通过对公民社会和政治国家各自的权利和义务的不同规定使公民社会获得了通过法律及其特有的手段实现与政治国家相抗衡的规范形式。由此可见，文化遗产公益诉讼的构建应当是一个先立法再实践的过程。首先于宪法和文物保护专门法律中创立文化权作为文化遗产公益诉讼的实体权利基础，其次在《文物保护法》《民事诉讼法》《行政诉讼法》中确立文化遗产公益诉讼的具体制度。然而，在我国公益诉讼领域，尤其是环境公益诉讼领域，实践情况中总是出现先司法实践探索后立法确认的逆向过程。这种逆向过程指的是司法机关在处理文化遗产保护案件时援引最高人民法院关于文化权、教育权、环境权等公益侵害案件的类似批复，法院可以直接通过适用宪法的方式保护公民的基本文化权利，从而表明了国家对侵犯公民基本权利而给予宪法救济的司法态度。[①] 诚然，以成熟的实践推动立法在全世界法治发展的历史上不乏先例，但在文化遗产保护公益诉讼领域，为了获得经济与文化的共同发展，使公民文化权得到救济，如果缺少由宪法及法律对权利的规定，很容易因实践中的热情和盲目而矫枉过正从而与其衡平功能的实现背道而驰。[②]

[①] 马成福. 论公民基本权利的宪法救济制度 [J]. 江淮法治, 2003 (11). 转引自崔璨. 历史文化街区法律保护研究 [D]. 中国人民大学, 2013. 14.
[②] 程雨燕. 论水域污染公益诉讼的衡平功能及其实现 [A]. 刘年夫, 李挚萍. 正义与平衡——环境公益诉讼的深度探索 [C]. 广州：中山大学出版社, 2011.

三、立法确认主体资格

现阶段我国立法应该明确提起文化遗产保护公益诉讼的适格主体。现行立法和司法解释规定环境保护等民事公益诉讼的提出主体包括有关国家机关和社会组织，目前环保公益组织如绿色发展基金会提出民事公益诉讼的案件数较多，然而，普通公民个人没有提出公益诉讼的主体资格。且现行立法规定行政公益诉讼的提出主体仅为检察机关，也不利于文化遗产保护事业的健康发展。因此建议设置文化遗产保护公益诉讼公众参与制度。确认诉讼中原告方的主体资格是建立文化遗产保护公益诉讼制度的必要条件。《民事诉讼法》对原告资格的规定无法满足文化遗产保护需求，应该修改对原告资格的规定。原告范围可以包括自然人、社区、基层群众自治组织（村民委员会和居民委员会）、文化遗产保护公益组织、检察机关、文旅行政部门。但是，应当注意，中华优秀传统文化与国家战略、民族发展密切相关，提起文化遗产保护公益诉讼的范围和提起诉讼的适格原告不宜过宽，避免滥诉情形。也不能过于狭窄，否则会产生文化遗产无法得到切实有效保护的后果。很多国外立法已经将公民纳入公益诉讼起诉主体的范围并取得了显著成效，我国可以参考借鉴。拓宽文化遗产保护公益诉讼案件的起诉主体范围，将公民个人纳入其中，放宽公益诉讼原告主体资格的限制，实现公益诉讼的真正作用。

四、完善诉讼程序

完善文化遗产保护公益诉讼的程序。由此产生一个新的问题，如何对公益诉讼起算点进行规定。诉讼制度的建设需要诉讼程序的设置先行，具体诉讼实践要求立法设置诉讼程序，程序设置有利于司法有序进行，具体需要设置以下程序：

首先，设置诉讼前置程序，规定公民、公益组织、检察机关负有在提起公益诉讼前提前告知有关行政机关的义务，规定提起公益诉讼应以穷尽其他救济手段为前提，给行政机关留出时间采取积极措施处理破坏文化遗产侵害公益的行为，在告知义务的法定期间内，行政机关如不采取有效措施，公民、公益组织或检察机关可以向法院提起公益诉讼保护文化遗产。尤其在检察机关提起公益诉讼的前期程序中，人民检察院应当依法以检察建议的形式督促行政机关纠正违法行政行为、履行保护文化遗产的法定职责，或者督促、支持法律规定的机关和有关组织提起公益诉讼。公益诉讼只是一种手段，如果能够以检察建议等前期方式达到保护文化遗产的目的，由此达到最佳的司法状态，这也是国家治理现代化的重要表现。在以上方式穷尽或者达不到保护文化遗产的效果时，检察机关才提起公益诉讼。如果相关机构和组织没有回复的，回复了但是没有采取相关措施的，或者已经采取措施了但是做得不到位的，公益诉讼起诉起始时间就可以在规定整改时间结束那天起开始计算。

其次，公民也可以采取直接诉讼模式，即在不涉及行政机关行政执法的情况下，公民采取的无需经过前置程序而直接起诉的模式。该模式最大的优点是避免繁琐的前置程序挫伤公民保护国家、公共利益的积极性。但是诉讼前置程序仍有其存在的必要。它要求公民只有经前置程序才能提起诉讼，可以防止公民滥用诉讼权利，同时也可以促使行政机关及时行使职权，制止或制裁侵害文化遗产的不法行为。

再次，设置诉前审查程序。针对文化遗产保护公益案件，众多公民个人纷纷提起诉讼，甚至有可能出现公民缠诉的情形，这会大大浪费人力、物力、财力，加大诉讼成本，浪费司法资源。对此，我们可以建立诉前审查保障机制，将不适格的毫不相干的当事人排除在诉讼之外。

从次，规范案件受理程序。保护文化遗产不能等到文化遗产已经发生了实质性损害才启动诉讼程序，而是应当在文化遗产已经受到或将要受到损害时就启动。在受理文化遗产保护案件时，必须具有预防性，能够预见可能发生的侵害，以防止国家利益和社会公益遭受无可挽回的损失或危害。

最后，设置科学的举证程序。公民个人参与文化遗产案件，并作为原告参与案件中时，"谁主张谁举证"的举证原则对于公民个人过于严苛。由于公民个人无权调查取证，举证难度较大，故应降低举证难度，可实行举证责任倒置。举证责任倒置可以减少原告举证的障碍，提高公民保护文化遗产的积极性。

五、立法确认激励措施

第一，给予适当的奖励。激励机制是公益诉讼的精髓，公益诉讼的落脚点在于公共利益，为了鼓励更多的公民关心文化遗产，关注遗产保护，可以适当采取物质奖励的方法，确立文化遗产公益诉讼原告胜诉奖励办法。

第二，建立机制，合理分担诉讼费用。如果提起公益诉讼的原告是国家机关，那么必要的诉讼费用应由该机关承担；如果提起公益诉讼的原告是公民个人，那么法院可以对该公民的诉讼费用实行免收或少收政策。文化遗产保护诉讼案件是为了保护文化遗产、维护社会公共利益，这类诉讼案件获得的利益补偿不是由原告享有，而是由社会集体享有。因此为了鼓励公众参与文化遗产保护的工作中，激发公众参与文化遗产保护执法监督的积极性，应该建立合理科学的诉讼费用负担机制，法院可以适当斟酌判决诉讼费用负担有利于原告一方，在必要时可以由国家给予适当补偿。这体现了公平合理原则。

总之，必须站在依法治国这一基本国策的立场上，促进文化遗产保护工作的进行，高度重视建立文化遗产保护公益诉讼制度。

六、充分拓展和发挥检察机关公益诉讼职能

作为法律监督机关，检察机关在传统意义上包括两个主要职责，即刑事公诉和法律监督。但是现在，检察机关又被赋予了提起检察公益诉讼的职能。最高检详细规定了检察院的检察权，检察机关可以行使民事、刑事、行政和公益诉讼这四类职权，[①] 并且可以视情况进行调整；检察机关在行使职权的过程中可以行使主动权，对文化遗产相关的行政公益诉讼案件进行监督。作为一种新的诉讼模型，行政公益诉讼之所以能够在我国构建，是因为我国行政传统当中，文化遗产是一种公共利益，并不具备私益性，所以其与政府的行政行为以及职权有着很大的关系，但是中国传统行政管理注重"以人为本"的政府监督，缺乏外力和惩罚手段。由于检察机关的特殊性，作为监督机关，由检察机关针对违法、违规或怠权的行政机关提起文物行政公益诉讼，具有较强的威慑作用。文化遗产公益诉讼，尤其文化遗产行政公益诉讼制度对于我国法律体系的完善有着很重要的意义，也是我国检察机关检察权的一种拓展和延伸，这样的延伸意义重大，其意味着我国行政公益诉讼的受案范围并不仅局限于规定的国有资产、环保、消费者权益保护等几个方面，而是存在着可拓展的空间。自2020年以来，最高人民检察院、最高人民法院和国家文物局连续三年联合发布《文物和文化遗产保护公益诉讼典型案例》，虽然文物和文化遗产保护不是我国现行行政诉讼法所规定的公益诉讼专门领域，但各地检察机关依据现有政策和法律对文化遗产保护工作进行探索，开展公益诉讼。比如，依据《环境保护法》将人文遗迹、风景名胜区、城市和乡村等规定，纳入生态环境和资源保护领域；依据文物保护法和民法典关于国有文物所有权的规定，纳入国有财产保护领域；依托英烈保护法，将属于国有文物的英雄烈士纪念设施纳入英烈权益保护领域。在检察机关将公益诉讼扩展到文化遗产公益诉讼领域的同时，应当遵循以下路径：

首先，立法完善。现有检察公益诉讼制度规定较为原则，在解决实际问题时还需要进一步细化、提高可操作性。建议通过公益诉讼立法，健全和完善目前公益诉讼的具体制度规定。如明确公益受损、公益修复的判定标准，加强调

---

① 苗生明. 新时代检察权的定位、特征与发展趋向 [J]. 中国法学, 2019 (06): 224-240.

查核实权的刚性措施等。其次，进一步理顺检察公益诉讼办案的体制机制，健全完善检察公益诉讼配套制度。比如文化遗产预期风险与实际损害的预估与鉴定难度大，缺乏公益损害赔偿金以及惩罚性赔偿金的管理机制，并且科学合理限定文化遗产检察公益诉讼的受案范围。再次，加大文化遗产检察公益诉讼的宣传力度。更好发挥"益心为公"检察云平台[①]的作用，也可以在检察云平台专门设置中华优秀传统文化保护与传承的板块。只有在宣传构成中更加贴近百姓、接地气，才能更好保护中华优秀传统文化等公共利益。从次，加强文化遗产公益诉讼业务学习，开展业务竞赛。文化遗产公益诉讼案件涉及气候、地理、历史、文学等学科，知识面广、专业性强，对检察队伍的能力素质提出更高要求，公益诉讼检察队伍通过日常学习和业务竞赛能够提升专业素能，焕发精神风貌。最后，检察机关可以探索与文旅部门、城市规划部门、法院、公安机关之间的协作，创新建立行政执法、刑事侦查、检察监督和司法审判同向发力的文化遗产保护新格局。同时，实施文物行政执法与刑事司法衔接制度，若在行政执法中遇到涉嫌犯罪的案件，应及时将其移送给司法机关。

中央到地方层级检察机关开展保护文化遗产，促进公众参与的实践行动有很多优秀做法和案例：在中央层面，国务院文物行政管理部门和省级文物行政管理部门与最高人民检察院合作，一起展开了制度设计。比如，最高检就与国家文物局一起，发布了关于文物保护公益诉讼的典型案例。除此以外，检察机关的相关部门与中国文物科学研究部门也一起举办了交流会和研讨会，讨论了关于检察公益诉讼的理论与实际等问题。在地方层面，广州市黄埔区检察院、广州市黄埔区文化广播电视旅游局、广州市规划和自然资源局黄浦区分局联合签署了《关于加强历史文化遗产保护领域公益诉讼合作的工作机制（试行）》，并成立了区域文化遗产保护联络小组，建立线索移送、联席会议、专业咨询、工作联动、联合宣传等6个机制。再如，山东省泰安市检察机关针对泰山文化、自然遗产保护中的地域管辖与职能混杂、行刑衔接机制不畅等问题，组建常态化工作专班，统一协调、办理涉泰山保护案件，并分专题、分领域开展公益保护专项行动，形成对泰山古树名木、文物和文化遗产保护的"法治之盾"。在破坏文物罪的刑事附带民事相关案件中，还探索通过异地公益劳务代偿的方式履行判决内容，让公益"破坏者"变成"守护者"。此外，山东泰安检察机关还在业务应用系统对"四大检察"涉泰山案件增设"涉泰

---

① "益心为公"志愿者检察云平台是由最高人民检察院开发建设的，宗旨是依靠人民、服务人民。该平台的建设旨在通过互联网汇聚志愿者力量，提升线索数量质量，强化办案专业辅助，邀请公众参与和监督办案，提升检察公益诉讼工作现代化能力。

山保护"电子标签,全市范围内共享案件信息,推进"一体化提前介入、一体化调查取证、一体化联席会商、一体化起诉追责"全流程办案。很多地方检察院践行的"刑事法益+公共利益一体化保护"工作理念,将检察公益诉讼视为现代国家治理、社会治理的一种特殊制度,将理念拓展为"刑事法益保护+公共利益保护+社会治理创新"。如河北省的"燕赵山海·公益检察"——全省检察机关护航美丽河北建设专项监督。虽然实际工作中,河北省人民检察院做了很多保护珍贵文化遗产、珍稀植物、古树名木的公益诉讼案件,在重点工作的列举中提到了围绕大运河遗产等重点区域生态环境保护综合治理,但是唯独没有文化遗产保护。

后 记

　　文化遗产是人类文明的重要组成部分，它承载着历史、文化和艺术的价值。文化遗产的保护与传承是每个国家的责任，也是全人类的共同使命。然而，在过去几十年中，由于自然灾害、人为破坏以及其他因素的影响，许多文化遗产面临危机。对此，公众参与已经成为一种重要的方式。

　　公众参与保护文化遗产的法律制度建设势在必行。首先，公众参与属于一种民主的体现，可以更好地保护和维护公众利益。其次，公众参与可以增强保护文化遗产的意识和责任感，增强保护文化遗产的力量。最后，公众参与可以促进文化遗产的传承和创新，为文化遗产的持续发展提供动力。

　　在实践中，我们需要健全法律制度，为公众参与保护文化遗产提供可靠的法律保障。具体而言，应健全公共参与机制，鼓励公众参与文化遗产的保护和传承。同时还需要强化政府管理和监督，确保文化遗产得到妥善保护和利用。将文化遗产公益诉讼制度作为文化遗产公众参与的最后一道司法防线。同时，加强对文化遗产保护的宣传和教育，提高公众对文化遗产的认识和重视程度。

　　总之，文化遗产对公众参与法律制度建设至关重要。通过加强公众参与，我们可以更好地保护和传承文化遗产，为人类文明的发展作出贡献。

参考文献

一、中文著作及译著

[1] 北京大学法学院. 北大法学初阶（壹）[M]. 北京：法律出版社，2021.
[2] 北京大学法学院. 北大法学初阶（贰）[M]. 北京：法律出版社，2021.
[3] 陈振明. 公共管理学原理[M]. 北京：中国人民大学出版社，2017.
[4] 迟福林. 改革红利——十八大后转型与改革的五大趋势[M]. 北京：中国经济出版社，2013.
[5] 冯国基. 面向 WTO 的中国行政——行政资讯公开法律制度研究[M]. 北京：法律出版社，2002.
[6] 甘阳. 文明、国家、大学[M]. 上海：生活·读书·新知三联书店，2018.
[7] 顾江. 长三角文化产业发展蓝皮书[M]. 南京：江苏人民出版社，2021.
[8] 国家文物局法制处. 外国保护文化遗产法律文件选编[M]. 北京：紫禁城出版社，1993.
[9] 何海波. 法学论文写作[M]. 北京：北京大学出版社，2014.
[10] 何华辉. 比较宪法学[M]. 武汉：武汉大学出版社，1988.
[11] 李炳中. 茶马古道：雅安段文献索引掇英[M]. 成都：巴蜀书社，2018.
[12] 李龙. 宪法基础理论[M]. 武汉：武汉大学出版社，1999.
[13] 李晓东. 文物保护法概论[M]. 北京：学苑出版社，2002.
[14] 林志宏. 世界文化遗产与城市[M]. 上海：同济大学出版社，2012.
[15] 吕忠梅，陈虹. 经济学原论[M]. 北京：法律出版社，2008.
[16] 庞德. 通过法律的社会控制、法律的任务[M]，沈宗灵译. 北京：商务印书馆，1984.
[17] 沈宗灵. 法理学（第三版）[M]. 北京：北京大学出版社，2009.
[18] 石晓蕾. 文化产业化建设背景下文化遗产传承的空间策略[M]. 北京：北京工业大学出版社，2019.

［19］宋俊华. 中国非物质文化遗产保护发展报告（2018）［M］. 北京：社会科学文献出版社，2018.

［20］唐明良. 环评行政程序的法理与技术——风险社会中决策理性的形成过程［M］. 北京：社会科学文献出版社，2012.

［21］王光娟，赵悦. 公共关系学［M］. 上海：上海财经大学出版社. 2016.

［22］王家福，刘海年，李林. 人权与21世纪［M］. 北京：中国法制出版社，2000.

［23］王乐夫. 公共关系学概论［M］. 北京：高等教育出版社，1994.

［24］王圣诵，王兆刚. 基层民主制度研究［M］. 北京：人民出版社，2012.

［25］王世仁. 建筑历史理论文集［M］. 北京：中国建筑工业出版社，2001.

［26］王远. 环境经济与管理［M］. 北京：中国环境出版集团，2020.

［27］王云霞. 文化遗产法教程［M］. 北京：商务印书馆，2012.

［28］徐桐. 迈向文化性保护：遗产地的场所精神和社区角色［M］. 北京：中国建筑工业出版社，2019.

［29］张明杰. 开放的政府：政府信息公开法律制度研究［M］. 北京：中国政法大学出版社，2003.

［30］张松. 历史城市保护学导论（第三版）［M］. 上海：同济大学出版社，2022.

［31］中共中央马克思恩格斯列宁斯大林著作编译局. 马克思恩格斯选集（第一卷）［M］. 北京：人民出版社，2012.

［32］中共中央宣传部理论局，马克思主义理论研究和建设工程办公室. 2007年马克思主义理论研究和建设工程成果选编［M］. 北京：学习出版社，2008.

［33］周文. 世界文化与自然遗产（第1册）［M］. 长春：吉林人民出版社，2013.

［34］［英］边沁. 道德与立法原理导论［M］. 时殷弘译. 北京：商务印书馆，2000.

［35］［美］博登海默. 法理学：法哲学与法律方法［M］. 邓正来译. 北京：中国政法大学出版社，2017.

［36］［日］宫泽俊义. 日本国宪法精解［M］. 董舆译. 北京：中国民主法制出版社，1990.

［37］［美］路易斯·亨金. 权利的时代［M］. 信春鹰，吴玉章，李林译. 北京：知识出版社，1997.

［38］［美］罗伯特·迪尔茨. 集体智慧［M］. 伍立恒译. 广州：广东旅游出

版社，2019.

[39] [英] R. J. 文森特. 人权与国际关系 [M]. 凌迪，黄列译. 北京：知识出版社，1998.

[40] [法] 托克维尔. 论美国的民主 [M]. 董果良译. 北京：商务印书馆，1982.

[41] [美] 约翰·罗尔斯. 正义论 [M]. 何怀宏等译. 北京：中国社会科学出版社，1988.

二、网络资料

[1] 朝戈金. 联合国教科文组织《保护非物质文化遗产伦理原则》：绎读与评骘 [EB/OL]. 中国人民文学网. 2017-05-23/2022-10-03.

[2] 第三次全国文物普查成果正式对外发布 [EB/OL]. 江苏省人民政府官网. 2012-02-14/2021-10-02.

[3] 世界遗产观察组织. World Heritage Watch Report 2022 [EB/OL]. 世界遗产观察组织官网. 2022-11-05/2022-11-05.

[4] 文化和旅游部. "中国传统制茶技艺及其相关习俗"列入人类非物质文化遗产代表作名录 [EB/OL]. 文化和旅游部官网. 2022-11-30/2023-07-22.

[5] 国务院关于加强文化遗产保护的通知（国发 [2005] 42号）[EB/OL]. 中国政府网. 2006-01-23/2021-10-02.

[6] 惠民利民盘活消费复苏 文旅融合挖掘高质量发展新潜能 [EB/OL]. 人民网，2020-05-20 16：54.

[7] 检察公益诉讼新领域重点：文物和文化遗产保护，最高检发布10起文物和文化遗产保护公益诉讼典型案例 [EB/OL]. 最高人民检察院官网. 2020-12-02/2023-2-12.

[8] 联合国教科文组织. 保护非物质文化遗产的伦理原则（2016）[EB/OL]. 中国非物质文化遗产网. 2016-12-16/2022-10-03.

[9] 梁霓霓. 法国历史文化遗产保护"很差钱" [EB/OL]. 联合国教科文组织国际自然与文化遗产空间技术中心官网. 2012-9-12/2022-10-20.

[10] 齐鹤，周文茹. 河南非物质文化遗产条例网上征求意见遭冷遇 [EB/OL]. 央视网. 2012-07-07/2022-10-29.

[11] 文化事业繁荣兴盛，文化产业快速发展——新中国成立70周年经济社会发展成就系列报告之八 [EB/OL]. 国家统计局官网. 2019-07-25/2023-03-15.

[12] 文物事业十年成就：赓续文明根脉，筑牢自信根基 [EB/OL]. 国家文

物局官网. 2022-10-20/2023-03-08.

[13] 十四届全国人大常委会立法规划［EB/OL］. 新华社官网. 2023-09-07/2023-10-08.

[14] ［日］河野俊行. 东西方两场文物建筑火灾引发关于遗产真实性的思考［EB/OL］. 中国古迹遗址保护协会. 2022-10-22/2023-01-22.

[15] ［日］中村贵. 日本民俗学研究流变：将目光从"民俗"投向"人"原创［EB/OL］. 搜狐网. 2021-04-07/2023-01-22.

[16] "水洗三孔"谁是真凶［EB/OL］. 人民网. 2001-02-17/2022-10-23.

[17] 610万买断经营金山岭长城［EB/OL］. 中国长城学会官网. 2005-04-24/2023-02-10.

三、期刊论文

[1] 陈炳辉. 弱势民主与强势民主——巴伯对民主的批判［J］. 贵州工业大学学报（社会科学版），2008（03）：5-12.

[2] 陈东，刘细发. 社会管理的公众参与机制及其路径优化［J］. 湖南社会科学，2014（03）：6-8.

[3] 陈广华. 文化遗产保护离不开民众力量［J］. 人民论坛，2017，26（31）：246-247.

[4] 崔璨. 传统诉讼制度下文化遗产保护的障碍及出路［J］. 理论月刊，2016（10）：120-125.

[5] 崔旭. 中国非遗保护语境下文化空间的空间化问题反思［J］. 东南学术，2022（05）：116-124.

[6] 代凯. 公众参与政府绩效管理：困境与出路［J］. 中共天津市委党校学报，2017，19（02）：90-95.

[7] 董兴佩. 法益：法律的中心问题［J］. 北方法学，2008（03）：27-34.

[8] 段友文，郑月. "后申遗时代"非物质文化遗产保护的社会参与［J］. 文化遗产，2015（05）：1-10+157.

[9] 范郁郁. 地方历史文化遗产保护中的公众参与积极性研究［J］. 文化产业，2022（33）：142-144.

[10] 付健. 论环境权的司法救济途径——兼论我国环境公益诉讼制度的构建［J］. 江汉论坛，2006（06）：134-136.

[11] 高丽. 行动者与空间生产：社会组织参与城市社区绿色治理何以可能——以W组织为例［J］. 社会工作与管理，2019，19（03）：23-31.

[12] 高小康. 非物质文化遗产保护是否只能临终关怀［J］. 探索与争鸣，

2007（7）：61-65.

[13] 郝士艳. 国外文化遗产保护的经验与启示 [J]. 昆明理工大学学报（社会科学版），2010, 11（4）：135-136.

[14] 洪伟. 畲族非物质文化遗产法律保护研究——以浙江景宁畲族自治县为考察对象 [J]. 浙江社会科学, 2009（11）：108-113.

[15] 胡姗辰. 名城保护与文化建设中公众作用及其参与机制分析 [J]. 北京规划建设, 2020（02）：123-127.

[16] 黄涛. 近年来非物质文化遗产保护工作中政府角色的定位偏误与矫正 [J]. 文化遗产, 2013（03）：8-14.

[17] 加比·多尔夫-博内坎帕，闻樵. 文化遗产与冲突：欧洲的观点 [J]. 国际博物馆（中文版），2010, 62（02）：16-22.

[18] 李春梅. 城镇居民公众参与态度实证研究——以成都市为例 [J]. 国家行政学院学报, 2006（05）：67-70.

[19] 李景鹏. 论制度与机制 [J]. 天津社会科学, 2010, 3（03）：49-53.

[20] 李庆霞. 社会转型期文化权益的实现途径和保障机制 [J]. 思想政治教育研究, 2009, 25（05）：46-49+56.

[21] 李响. 公众参与文化遗产保护的公益诉讼进路研究 [J]. 中国高校社会科学, 2019（06）：80-90+156.

[22] 李艳芳. 公众参与环境保护的法律制度建设——以非政府组织（NGO）为中心 [J]. 浙江社会科学 2004（2）：6.

[23] 李耀武，田芳，车欣宴. 社区单元视角下的文化遗产保护研究——基于遗产价值与社区发展关系的探讨 [J]. 建筑与文化, 2020（10）：237-239.

[24] 李长健. 基于农民权益保护的社区发展权理论研究 [J]. 法律科学. 2006（06）：33-40.

[25] 梁岩妍. 城市化背景下的文物保护法理探析 [J]. 河北法学, 2013（07）：137-143.

[26] 刘斌，王毓彬. 南京明故宫遗址的社会参与和立法保护研究 [J]. 中国城墙辑刊, 2018（00）：145-155.

[27] 刘福元. 数字城管模式下公众参与的路径考察——基于实证视角的网站参与和市民城管通 [J]. 电子政务, 2017（02）：86-95.

[28] 刘小康. 论行政决策公众参与度及其影响因素——基于中国经验的分析 [J]. 北京行政学院学报, 2017（04）：54-62.

[29] 雒树刚. 国务院关于文化遗产工作情况的报告——2017年12月23日在

第十二届全国人民代表大会常务委员会第三十一次会议上［J］．中华人民共和国全国人民代表大会常务委员会公报，2018（01）：80-86.

［30］马成福．论公民基本权利的宪法救济制度［J］．江淮法治，2003（11）．转引自崔璨．历史文化街区法律保护研究［D］．中国人民大学，2013．14.

［31］马洪雨．非物质文化遗产保护公众参与的法律制度构建［J］．甘肃政法学院学报，2007（01）：153-157.

［32］马进．公众参与环境保护法律制度研究［J］．人大研究，2012（12）：31-34.

［33］苗生明．新时代检察权的定位、特征与发展趋向［J］．中国法学，2019（06）：224-240.

［34］莫纪宏．Legal Protection for Rights to Cultural Heritage［J］．Social Sciences in China，2003（03）：138-144.

［35］潘皞宇．论公民文化权的保护——以权能范畴为视角［J］．江汉论坛，2015（01）：129-132.

［36］钱锦宇．信息公开、制度安排与责任政府的建设［J］．哈尔滨工业大学学报（社会科学版），2013，15（05）：36.

［37］秦小建．论公民监督权的规范建构［J］．政治与法律，2016（05）：61.

［38］秦颖．论公共产品的本质——兼论公共产品理论的局限性［J］．经济学家，2006（03）：77-82.

［39］阮仪三．保护世界遗产的要义［J］．同济大学学报（社会科学版），2002（03）：1-3.

［40］申彦舒．国外非物质文化遗产保护研究及启示［J］．湖南人文科技学院学报，2021，38（01）：62-66.

［41］孙海涛．水资源管理中的公众参与制度研究［J］．理论月刊，2016（09）：104.

［42］王大为．论非物质文化遗产的保护原则［J］．黑河学刊，2012（05）：43-45.

［43］王丽．公众参与背景下治理现代化能力提升［J］．人民论坛，2016（05）：61.

［44］王林．中外历史文化遗产保护制度比较［J］．城市规划，2000（08）：49-51+61.

［45］王锡锌．公众参与：参与式民主的理论想象及制度实践［J］．政治与法律，2008（06）：8.

[46] 王夏慧. 利益关系人理论视角下的研究生选拔方式探析 [J], 领导科学论坛, 2017 (03): 53-54+60.

[47] 王秀哲. 我国环境保护公众参与立法保护研究 [J]. 北方法学, 2018, 12 (02): 103-111.

[48] 王云霞. 论文化遗产权 [J]. 中国人民大学学报, 2011 (02): 20-27.

[49] 韦如梅. 城市治理中的公民参与: 新加坡经验的中国借鉴 [J]. 湖北社会科学, 2014 (08): 51-54.

[50] 文地. 非遗保护, 在探索中前行——专访上海市非物质文化遗产保护协会会长高春明 [J]. 非遗传承研究, 2021 (04): 4-6+22.

[51] 吴真. 生态决策制定中公众参与的前提分析 [J]. 行政与法 (吉林省行政学院学报), 2006 (05): 104.

[52] 向德平, 王志丹. 城市社区管理中的公众参与 [J]. 学习与探索, 2012 (02): 37.

[53] 向荣淑. 公众参与城市治理的障碍分析及对策探讨 [J]. 探索, 2007 (06): 69.

[54] 肖峰. 我国公共治理视野下"公众"的法律定位评析 [J]. 中国行政管理, 2016 (10): 70.

[55] 邢鸿飞, 杨婧. 文化遗产权利的公益透视 [J]. 河北法学, 2005 (04): 71-74.

[56] 徐祥民. 地方政府环境质量责任的法理与制度完善 [J]. 现代法学, 2019, 41 (03): 69.

[57] 徐以祥. 公众参与权利的二元性区分——以环境行政公众参与法律规范为分析对象 [J]. 中南大学学报 (社会科学版), 2018 (2): 64.

[58] 杨登峰. 从合理原则走向统一的比例原则 [J]. 中国法学, 2016 (03): 88.

[59] 杨颉慧. 社会公众参与文化遗产保护的困境及路径 [J]. 殷都学刊, 2014, 35 (3): 116-118.

[60] 杨旭民. 生产性保护是非遗生存发展的重要途径——对话陕西省非物质文化遗产产业促进会会长袁红 [J]. 新西部, 2021 (05): 44-46.

[61] 杨正文. 民族村寨的文化遗产保护与资源开发风险 [J]. 遗产, 2021 (01): 25-57.

[62] 叶秋华, 孔德超. 文化遗产法律保护中的几个问题 [J]. 法学家, 2008 (05): 34-40.

[63] 叶正洪. 社会转型时期文物保护的公众参与问题 [J]. 北方文物, 2005

（02）：101-104.

[64] 余晓泓. 日本环境管理中的公众参与机制［J］. 现代日本经济，2002（06）：11.

[65] 张国超. 美国公众参与文化遗产保护的经验与启示［J］. 天中学刊，2012，27（04）：128-131.

[66] 张国超. 我国公众参与文化遗产保护行为及影响因素实证研究［J］. 东南文化，2012（06）：21-27.

[67] 张康之. 论参与治理、社会自治与合作治理［J］. 行政论坛，2008（06）：1-6.

[68] 张小航，贺慨，徐磊. 论公共体育服务中的公众参与机制［J］. 体育文化导刊，2017（01）：13-15+56.

[69] 赵正群. 得知权理念及其在我国的初步实践［J］. 中国法学，2001（03）：47-53.

[70] 周方. 秦岭文化遗产整体性保护对策研究［J］. 陕西行政学院学报，2022，36（01）：102-107.

[71] 周刚志，王星星. "文化强国"目标下的文化产业政策导向与选择［J］. 湖南大学学报（社会科学版），2022，36（01）：123-131.

[72] 周岚，崔曙平. 新常态下城市规划的新空间［J］. 城市规划，2016，40（4）：9-14.

[73] 周朔. 中国式现代化进程中非物质文化遗产保护的理论思考［J］. 文化遗产，2023（03）：9-15.

[74] 周真刚，胡曼. 试析文化遗产保护中的权利冲突——以贵州安顺天龙屯堡、云峰屯堡为例［J］. 民族研究，2018（03）：15-26+123.

[75] 朱兵. 我国文化遗产保护法律体系的建构［J］. 中国人民大学学报，2011，25（02）：2-9.

[76] 朱练平，欧飞兵，程树武. 国外文化遗产保护公众参与机制简介［J］. 景德镇高专学报，2011，26（3）：139-140.

[77] 朱谦. 我国环境影响评价公众参与制度完善的思考与建议［J］. 环境保护，2015，43（10）：27-31.

[78] 竺效. 论公众参与基本原则入环境基本法［J］. 法学，2012（12）：127.

四、文集或著作中析出的论文

[1] 程雨燕. 论水域污染公益诉讼的衡平功能及其实现［A］. 刘年夫，李挚萍. 正义与平衡——环境公益诉讼的深度探索［C］. 广州：中山大学出

版社，2011.

五、报纸文章

[1] 贾理智. "认领"古建筑 请怀公益心 [N]. 中国商报，2014-03-27 (01).

[2] 赵中枢. 历史文化名城保护的专业性和大众化 [N]. 中国建设报，2019-06-13 (08).

[3] 中华人民共和国文化和旅游部2022年文化和旅游发展统计公报 [N]. 中国文化报，2023-07-17 (004).

[4] 吴雅婷. 非遗保护与传承：守护和扩大文化的光 [N]. 成都日报，2023-06-07 (008).

[5] 2022非物质文化遗产消费创新报告 [N]. 中国旅游报，2022-11-23 (005).

六、博士论文

[1] 崔璨. 历史文化街区法律保护研究 [D]. 中国人民大学，2013.

[2] 贾俊艳. 文化遗产保护法之比较研究 [D]，武汉大学，2005.

[3] 石艺玮. 苏州非遗传承中的政府作用探究 [D]. 苏州大学，2022.

[4] 朱祥贵. 文化遗产保护立法基础理论研究——生态法范式的视角 [D]. 中央民族大学，2006.

七、外文论文

[1] Arnstein, S. Aladder of citizen participation. Journal of the American Institute of Planners. 1969.

[2] Fischer F. Technocracy and the Politics of Expertise. Thousand Oak. CA：Sage Publications. 1990.

[3] Friedmann J. Planning in the Public Domain，Princeton. NJ：Princeton University Press，part III，1987.

[4] Handbook on Access to Justice under the Aarhus Convention. 2003，March.

[5] James J. Glass. Citizen Participation in Planning：The Relationship Between objectives and Techniques, Journal of APA, 1979, April.

八、词典

[1] A S Hornby. 牛津高阶英汉双解词典（第8版）[Z]，赵翠莲，邹晓玲等译. 北京：商务印书馆，2014.